KB214680

"읽기 쉽게 쓴 이 매력적인 책은 우리의 제자직을 기독교 신앙의 핵심인 우리 주 예수님과 결부시킨다. 그리스도인의 성장을 '한 단계 더 높은 것'을 향해 나아가는 것으로 생각하기 쉽다. 그러나 정작 우리에게 필요한 것은 예수님이 우리를 위해 행하신 일과 그분의 아름다우심과 깊이를 아는 것이다. 저자는 우리가 그렇게 할 수 있도록 돕는다. 이 책은 우리 모두를 유익하게 할 것이다."

— **폴 밀러**, 저술가

"더 큰 충만을 갈구하는 영혼의 고뇌는 성장 과정의 일부다. 사실, 영혼의 허기와 갈증은 선물이다. 그치지 않는 샘물과도 같은 예수님이 온전히 채워주실 것이다. 저자는 영혼의 고뇌는 단순한 행동 교정이나 임시변통의 해결책이 아닌 예수님과의 교제와 우리의 영혼 속에 더욱 깊게 스며든 평화를 통해 해결된다는 사실을 일깨워준다. 생명과 기쁨과 평화를 비롯해 예수님을 더 많이 갈망한다면 이 책을 꼭 읽어야 한다."

— **맷 챈들러**, 텍사스주 댈러스 빌리지 교회 목사

"예수님은 우리가 해야 할 가장 큰 일이 믿는 것이라고 말씀하셨다. 나는 이 책 덕분에 예수님의 탁월한 아름다우심과 온유하심을 새롭게 깨달음으로써 믿음을 또 한 번 굳게 다질 수 있었다. 이 책을 읽는 동안, 구원자이신 주님이 나를 사랑하신다는 확신과 함께 신뢰와 헌신과 경건한 감정이 솟구치는 것이 느껴졌다. 저자는 목회적으로 매우 유익한 이 책에서 예수님을 바라보는 것과 개인의 영적 성장이 어떤 관계를 맺고 있는지를 훌륭하게 파헤쳤다. 그는 예수님과 함께 앞으로 나아갈 수 있는 비결이 그분이 이루신 사역 안으로 더욱 깊이 들어가는 데 있다는 것을 분명하게 보여주었다."

— **J. D. 그리어**, 노스캐롤라이나주 롤리 더럼 서밋교회 목사

더 깊게

지은이   데인 C. 오틀런드
옮긴이   조계광
펴낸이   김종진
초판 발행   2023. 8. 21.
등록번호   제2018-000357호
등록된 곳   서울특별시 강남구 선릉로107길 15, 202호
발행처   개혁된실천사
전화번호   02)6052-9696
이메일   mail@dailylearning.co.kr
웹사이트   www.dailylearning.co.kr

책값은 뒤표지에 있습니다.
ISBN 979-11-89697-50-1

Real Change for Real Sinners

더 깊게
DEEPER

데인 C. 오틀런드

개혁된실천사

커버넌트 신학교의 교수진(2002-2006)에게
애정을 담아 헌정합니다.
그분들은 성경으로부터 참된 변화에 대해 가르쳐 주셨고
그분들의 삶을 통해 그것을 보여 주셨습니다.

"아슬란," 루시가 말했다. "너는 더 커."

"아니야, 그건 네가 더 나이가 많기 때문이야." 아슬란이 대답했다.

"네가 더 큰 것이 아니라고?"

"응. 아니야. 네가 매년 자랄수록 너는 내가 더 크다고 느낄 거야."

C. S. **루이스**, 캐스피안 왕자

::목차

그리스도인은 어떻게 성장하는가?

이 질문은 다양한 감정을 불러일으킨다. 우리 가운데 어떤 사람들은 죄책감을 느낀다. 우리의 성장은 멈춘 상태이고, 우리는 그 사실을 알고 있다. 죄책감은 우리를 마비시켜 영적 침체의 늪에 빠져들게 한다.

또 어떤 사람들은 솟구치는 열망을 느낀다. 우리는 현재보다 더 많이 성장하기를 갈망한다.

솔직히, 영적 성장이라는 문제가 제기되면 우쭐함을 느끼는 사람들도 있다. 그는 자기가 잘하고 있다고 확신한다. 물론, 그런 자기 평가는 자신과 다른 사람들을 은밀히 비교한 결과이거나 신앙생활을 해나가는 실질적인 동기를 깊이 있게 점검하지 못한 데서 비롯한 결과일 것이다.

이 질문은 우리 가운데서 바람직하지 못한 냉소적 감정을 유발하기도 한다. 우리는 나름대로 노력을 기울여왔거나 최소한 그렇게

했던 것처럼 보인다. 우리는 이런저런 방법을 시도했고, 이런저런 책을 읽었으며, 이런저런 모임에 열심히 참석했다. 그런데 결국에는 은혜 안에서의 성장을 향한 올바른 단계에 접어들지 못한 채 다람쥐 쳇바퀴 도는 듯한 심정을 느낄 뿐이다.

우리 가운데 성장의 필요성을 의문시하는 사람은 아무도 없다. 우리는 성경에서 "오직 우리 주 곧 구주 예수 그리스도의 은혜와 그를 아는 지식에서 자라 가라"(벧후 3:15)라거나 "범사에 그에게까지 자랄지라"(엡 4:15)와 같은 말씀을 발견한다. 우리는 비단 성경만이 아니라 우리의 마음속에서도 성장의 필요성을 의식한다. 정직한 자기성찰이라는 고통스러운 훈련은 우리를 깜짝 놀라게 한다. 우리의 삶은 물론, 우리가 주위 세상에 축복을 전하는 방식 가운데 '자아'라는 원천에서 은밀하게 흘러나오는 것이 너무나도 많다는 사실이 발견된다. 선물을 베풀고, 섬김을 실천하고, 희생을 감수하지만, 우리가 하나님과 다른 사람들은 물론, 심지어 우리 자신을 위해 하는 일들조차도 아낌없이 내주려는 참된 사랑에서 우러나온 것이 아닌 자아를 섬기려는 목적을 이루기 위한 것일 때가 많다. 우리는 단지 다른 사람들에게 가시적으로 드러나는 것만을 생각하곤 한다. 그렇다면 아무도 보지 않는 우리 삶의 추악한 면은 어떻게 해야 할까? 어떻게 해야 어둠 속에서 저지르는 죄를 죽여 없앨 수 있을까?

문제의 핵심은 성장이 필요하냐가 아닌 어떻게 성장해야 하는가에 있다. 거듭난 사람이라면, 이런 다양한 감정 상태의 어딘가에 성장을 갈망하는 진지한 마음이 존재할 것이 틀림없다.

그렇다면 성장은 어떻게 이루어지는 것일까?

이 책에서 강조하고자 하는 기초 사항은 변화란 더 깊어지는 것과 관련된 문제라는 것이다. 외적 향상, 곧 도덕적인 규범(성경의 계명, 예수님의 명령, 양심 등)에 부합하는 삶을 사는 것을 통해 변화가 일어난다고 생각하는 신자도 있고, 지적인 발전, 곧 교리를 좀 더 정확하고, 폭넓게 이해하는 것을 통해 변화가 일어난다고 생각하는 신자도 있으며, 감정적인 경험, 곧 하나님을 예배할 때 느끼는 감각적인 경험을 통해 변화가 일어난다고 생각하는 신자도 있다.

나는 건강한 기독교적 성장에는 이 세 가지 요소가 모두 포함되지만(이 가운데 어느 하나만 없어도 균형을 잃고 성장할 수 없게 된다), 진정한 성장은 그것들을 초월한다고 주장하고 싶다. 그리스도 안에서의 성장은 외적 행동의 개선, 지적인 발전, 감각적인 경험이 아닌 '더 깊어지는 것'을 통해 이루어진다. 깊어진다는 개념에는 우리가 성장에 필요한 것을 이미 소유하고 있다는 의미가 함축되어 있다. 기독교적 성장은 우리의 행위와 말과 감정을 우리의 새로운 본질에 일치시키는 것을 의미한다.

이것은 헨리 스쿠걸이 《인간의 영혼 안에 있는 하나님의 생명》이라는 작은 책자를 통해 기독교적 삶을 개괄한 방식과 매우 흡사하다.[1] 스쿠걸은 스물여덟 살의 나이에 폐결핵으로 목숨을 잃은 애버딘대학교의 신학과 교수였다. 그는 1677년에 실의에 빠진 한 친구에게 장문의 편지를 써 보냈고, 그것이 나중에 책으로 출판되었

---

1 Henry Scougal, *The Life of God in the Soul of Man* (Fearn, Ross-shire, Scotland: Christian Focus, 1996).

다. 영국의 복음 전도자 조지 횟트필드는 "하나님이 내게 이 훌륭한 책을 읽을 기회를 허락하시기 전까지만 해도 나는 참 신앙이 무엇인지 알지 못했다."라고 말했다.[2] 스쿠걸은 그 책에서 그리스도인들은 제각기 더 순수한 행위를 통한 성장, 더 명확한 교리를 통한 성장, 더 풍성한 감정을 통한 성장을 말하지만, 참된 변화는 인간의 영혼 안에 있는 하나님의 생명을 통해 이루어진다고 강조했다.

스쿠걸을 비롯해 과거의 성도들은 우리가 성경을 파고 들어가서 우리의 일상적인 신앙생활에 필요한 풍성한 말씀의 보화를 발견하도록 도와준다. 우리는 성경을 진정으로 이해할 수 있게 도와줄 과거의 현인들에게 관심을 기울여야 한다. 오늘날 우리가 향유할 수 있는 지혜의 대부분이 세상을 떠난 성도들에게서 발견된다. 그들의 영은 지금 그리스도와 함께 하늘에 있지만, 아우구스티누스, 그레고리우스 대교황, 루터, 칼빈, 녹스, 십스, 굿윈, 오웬, 번연, 에드워즈, 횟트필드, 라일, 스펄전, 바빙크, 루이스, 로이드 존스의 책과 설교는 지금도 그대로 남아 있다. 따라서 그리스도 안에서의 성장에 관한 성경의 가르침을 살펴보는 과정에서 오늘날의 유명인들보다는 과거의 신앙 위인들에게서 훨씬 더 많은 통찰력과 힘을 얻어낼 수 있다.

아울러, 우리는 이 책을 통해 이 책의 부제인 '진짜 죄인의 진짜 변화(이것은 이론상의 죄인들을 위한 피상적인 변화와 반대되는 개념이다)'를 살펴

---

2 In Thomas S. Kidd, *George Whitefield: America's Spiritual Founding Father* (New Haven, CT: Yale University Press, 2014), 28.

보게 될 것이다. 이 책은 행동 교정을 목표로 삼지 않는다. 기상 시간을 더 빠르게 하라거나 탄수화물 섭취를 줄이라는 것과 같은 내용을 다룰 생각은 조금도 없다. 심지어는 십일조나 교회 출석이나 신앙 일기 쓰기나 소그룹 모임이나 성례 참여나 청교도 책 읽기를 강조할 생각도 없다. 이런 행위들은 마음의 부패와는 아무 상관 없이 이루어질 수 있다. 이 책의 주제는 진정한 변화다. 진정한 죄인들을 위한 진정한 변화, 이것이 핵심이다. 원죄 교리를 믿으면서도 자신이 그리스도인으로서 제법 잘해 나가고 있다고 생각한다면, 이 책은 그다지 큰 도움이 못 될 것이다. 이 책은 낙심한 이들, 기진맥진한 이들, 절망에 이른 이들, 영적 성장에 실질적인 진척이 없다는 이유로 자포자기에 빠진 이들을 위한 책이다. 원죄 교리를 믿을 뿐 아니라 일상생활 속에서 그 교리를 실제로 경험한다면, 이 책은 바로 그런 사람을 위한 책이다.

마지막으로 몇 가지 말해두고 싶은 것이 있다.

첫째, 나는 누구든 재촉할 생각이 없다. 누구도 그렇게 해서는 안 된다. 우리는 때로 두 걸음 앞으로 나갔다가 세 걸음 뒤로 물러나기도 한다. 우리는 자신에 대해 인내해야 한다. 긴급함을 느껴야 하지만 서두를 필요는 없다. 변화가 하루아침에 일어나는 것은 일상적이지 않은 이례적 현상이다. 더딘 변화도 진정한 변화에 해당한다. 그것은 하나님이 우리를 다루시는 정상적인 방법이다. 서두르지 말라.

둘째, 이 책을 처음 펼칠 때부터 마음을 활짝 열고 진정한 변화의 가능성을 받아들이라. 마귀의 가장 큰 승리 가운데 하나는 마음을 무기력하게 만드는 것이다. 그의 가장 큰 승리는 우리가 습관적으로 짓는 죄가 아니라 진정한 성장을 이룰 수 없다는 무력감이다.

셋째, 이 책을 단순히 읽는 데 그치지 말고, 깊이 숙고하라고 권하고 싶다. 이 책을 읽으면서 신앙 일기를 쓸 수도 있고, 친구와 함께 읽을 수도 있을 것이다. 천천히 읽으면서 음미하고, 곰곰이 되씹고, 묵상하라. 필요한 방법이라면 무엇이든 동원하라. 성경의 진리를 목자로 삼으면, 주님과 동행하면서 간절히 바랐던 푸른 초장에 다다를 수 있을 것이다. 이 책과 같은 책을 빠르게 읽으면 읽은 것을 충분히 소화하기가 어렵다.

넷째, 나는 의사가 아닌 동료 환자로서 이 책을 썼다. 이 책은 곧 내가 나에게 쓴 책이다. 이 책에는 나의 성공만큼이나 많은 실패가 고스란히 담겨 있다.

1

예수님

이 책은 그리스도 안에서의 성장을 다룬다. 따라서 무엇보다도 먼저 예수 그리스도께서 어떤 분이신지를 알아야 한다. 우리의 성장은 독자적으로 개인적인 향상을 도모하는 것이 아니다. 우리의 성장은 그리스도 안에서의 성장이다. 예수님은 과연 어떤 분이실까?

우리 가운데는 예수님이 어떤 분이신지를 매우 잘 알고 있다고 생각하는 사람들이 많다. 우리는 그분을 통해 구원받았고, 오랫동안 성경을 공부했으며, 그분에 관한 책도 여러 권 읽었을 뿐 아니라 몇몇 사람에게는 그분을 전하기까지 했다.

그러나 우리가 정직하다면, 우리의 삶이 여전히 많은 실패와 염려와 공허함과 바람직하지 못한 요인들로 점철되어 있다는 것을 인정하지 않을 수 없다.

우리가 죄를 떨쳐내지 못하는 공통적인 이유 가운데 하나는 예수님에 관한 축소된 관념 때문이다. 물론, 우리의 기독론은 비정통이 아닌 정통이다. 우리는 하나님의 아들이신 예수님이 세상에 와서 우리는 절대로 살 수 없는 삶을 살다가 우리가 받아야 할 죽음의 형벌을 대신 당하셨다는 것을 알고 있다. 우리는 그분의 영광스러운 부활을 믿고, 고대의 신조에 따라 그분이 참 하나님이요 참 인간이시라고 고백한다. 우리의 교리는 비정통이 아니다. 그러나 그 모든 교리적인 정확성에도 불구하고, 길들여진 관념으로 인해 우리의 마음속에서 그리스도의 영광이 형편없이 작아지고 말았다.

따라서 그리스도 안에서 성장하려면 그분이 누구신지를 분명하게 알아야 할 필요가 있다. 우리는 그분이 인격체이시라는 사실에서부터 시작해야 한다. 예수님은 단지 역사적인 인물이 아니라 지금도 여전히 살아 계시는 실제적인 인격, 곧 관계를 맺고, 신뢰를 받고, 귀를 기울여 들어야 할 존재이시다. 그분은 개념이나 이상이나 모종의 힘이 아니시다. 그리스도 안에서의 성장은 정형화된 경험이 아닌 관계적인 경험이다.

그렇다면 예수님은 어떤 분이실까?

측량할 수 없는 분

에베소서 3장 8절에서 "측량할 수 없는 그리스도의 풍성함"이라는 문구가 발견된다. "측량할 수 없는"으로 번역된 헬라어는 신약성경에서 이곳 외에 로마서 11장 33절에 한 차례 더 사용되었다. "깊도다 하나님의 지혜와 지식의 풍성함이여, 그의 판단은 헤아리지 못할 것이며 그의 길은 찾지 못할 것이로다." 로마서 11장은 하나님의 지혜와 지식을 측량할 수 없다고 말했다. 그리고 에베소서 3

장은 그리스도의 풍성함을 측량할 수 없다고 말했다. 그리스도 안에 풍성함이 있고, 그 풍성함이 측량할 수 없다는 것이 대체 무슨 의미일까? 아무리 파헤쳐도 밑바닥에 도달할 수 없다는 뜻일까?

이 책을 읽는 독자들에게 한 가지 제안을 하고 싶다. 나는 독자들이 예수님에 관해 자신이 알고 있는 것이 빙산의 일각일 수 있다고, 곧 예수님에 관한 현실은 너무나도 깊고 깊어 항상 우리의 발견을 기다리고 있다고 생각해 주었으면 좋겠다. 물론, 여러분의 삶 속에서 참된 제자도가 역동하고 있고 예수 그리스도의 깊이에 대한 발견이 이미 어느 정도 이루어진 상태라는 것을 과소평가할 생각은 조금도 없다. 그러나 만일 성장이 더디고, 살면서 죄를 계속 짓는다면, 자신이 좇는 예수님이 부지불식 간에 축소되어 버린 왜소한 예수님, 곧 경이로움이 없는 판에 박힌 듯한 예수님일 가능성이 있을 수도 있다는 점을 생각해 보라고 권하고 싶다. 꼭 그런 경우라고 단정할 생각은 없고, 다만 스스로를 정직하게 살펴보라고 권하고 싶을 뿐이다.

1492년에 카리브 제도에 도착한 크리스토퍼 콜럼버스는 유럽인들이 '인디언'으로 일컬었던 사람들이 살던 곳에 도착한 줄로 생각하고 그곳의 원주민들을 '인디언'으로 일컬었다. 사실, 그는 남아시아나 동아시아에 전혀 접근하지 못했다. 그의 앞에는 지도에도 없는 전인미답의 거대한 땅, 곧 그 자신이 전혀 알지 못했던 대륙이 펼쳐져 있었다. 그는 세계를 실제보다 더 작게 생각했다.

예수 그리스도와 관련해 그와 비슷한 실수를 저지른 적이 있는가? 성경의 계시에 따르면, 예수님의 인격이라는 미지의 방대한 현실이 존재하지 않는가? 혹시 자신도 모르는 사이에 그분을 손쉽게 다룰 수 있고, 측량 가능한 비율로 축소하지는 않았는가? 스스로가 만든 밋밋하고, 왜소한 일차원적인 예수님을 진짜 예수님으로 생각하고 바라보고 있지는 않은가? 스노클을 입에 물고 얕은 곳을 헤엄치면서 태평양의 밑바닥에 이르렀다고 생각하고 있지는 않은가?

나는 이번 장에서 그리스도의 일곱 가지 측면, 곧 우리가 탐험할 수 있는 그리스도의 일곱 가지 '영역'을 언급할 생각이다. 그런 영역을 일일이 열거하자면 수십 가지가 넘을 테지만, 여기에서는 통치, 구원, 친구, 인내, 중보, 재림, 온유함이라는 일곱 가지만을 살펴보기로 하자. 이 일을 하는 이유는 살아 계시는 그리스도를 더욱 명료하고, 더욱 분명하고, 더욱 크고, 더욱 환하고, 더욱 영광스럽게 바라보고, 우리와 하나로 연합된 그분을 갈수록 더 깊고, 정확하게 인식함으로써 참된 기독교적 성장을 이루어나가기 위해서다.

통치

예수님은 온 우주를 다스리는 지고한 권위를 행사하신다.

예수님은 승천하기 직전에 "하늘과 땅의 모든 권세를 내게 주셨으니"(마 28:18)라고 말씀하셨다. 그분은 통치하기를 바라는 상태가 아니라 지금 지고한 권위를 발휘해 모든 것을 다스리신다. 그분의 권위를 거부하는 세상은 그 권위의 현실을 옳게 반영하지 못한다. 하늘의 관점에서 보면, 모든 것이 계획대로 진행되는 중이다. 예수 그리스도께서는 교회와 세상의 역사 속에서 일어나는 모든 일을 관장하신다. 그분의 통치를 의식하는 우리의 능력과 지력은 쇠퇴할 수 있다. 그러나 쇠퇴하는 것은 우리의 인식능력뿐이다. 그분의 실제적인 통치는 견고하고, 지고무상하며, 강력하고, 완전하며, 모든 것을 포괄한다. 그분이 알지 못하시는 마약 거래는 단 한 건도 없고, 그분이 지켜보지 않으시는 정치적인 추문은 단 한 가지도 존재하지 않으며, 그분의 등 뒤에서 이루어지는 불의한 행위는 단 하나도 없다. 오늘날의 세계 지도자들이 함께 모이더라도 그들은 부활하신 갈릴리 목수의 손바닥 안에 있을 뿐이다.

이런 최상의 통치는 비단 우주와 세계 역사뿐만 아니라 우리의 작은 삶에까지 영향을 미친다. 그분은 우리를 알고, 지켜보신다. 그 무엇도 그분의 눈을 피해 숨을 수 없다. 우리는 장차 다른 사람들의 눈에 드러난 것이 아닌 우리의 실제적인 인격과 행위에 따라 심판을 받게 될 것이다. 성경은 예수님이 세상을 심판하러 오실 때 "어둠에 감추인 것들을 드러내고 마음의 뜻을 나타내실 것"이라고 말씀한다(고전 4:5). 우리가 은밀히 행한 것은 물론, 마음의 동기까지도 온전히 드러나 심판을 받을 것이다.

우리의 눈에는 예수님이 보이지 않지만, 그분은 온 우주에서 가장 현실적인 존재이시다. 성경은 "만물이 그 안에 함께 섰느니라"(골 1:17)라고 말씀한다. 우주에서 예수님을 제외하면 모든 것이 무너진다. 그분은 있으나 없으나 기름을 친 듯 잘 돌아가는 삶에 덧붙인 부가물이나 씩 웃으며 은근슬쩍 넘어갈 수 있는 무골호인과 같은 구원자가 아니시다. 그분은 우리가 현세와 내세에서 그 지고한 통치권에 무릎을 꿇고 머리를 조아려야 할 분으로서 그분의 능력으로 우주를 유지하고 계신다(빌 2:10).

요한계시록 1장에 묘사된 그리스도의 모습을 생각해 보라. 요한은 말로 형용할 수 없는 현실을 묘사하려고 시도했다.

"인자 같은 이가 발에 끌리는 옷을 입고 가슴에 금띠를 띠고 그의 머리와 털의 희기가 흰 양털 같고 눈 같으며 그의 눈은 불꽃 같고 그의 발은 풀무불에 단련한 빛난 주석 같고 그의 음성은 많은 물소리와 같으며 그의 오른손에 일곱 별이 있고 그의 입에서 좌우에 날 선 검이 나오고 그 얼굴은 해가 힘 있게 비추는 것 같더라 내가 볼 때에 그의 발 앞에 엎드려 죽은 자 같이 되매"(계 1:13, 14).

예수님을 안전하고 포용 가능하고 예측 가능한 구원자, 곧 그분이 없더라도 부드럽게 잘 돌아갈 삶에 약간의 도움을 주고, 협력을 아끼지 않는 구원자로 축소하지는 않았는가? 핵폭탄과 같은 것을 가정용 배터리와 같은 것으로 취급하지는 않았는가? 우리가 그리스도 안에서 성장하지 못하는 이유는 우리도 모르는 사이에 만물을 다스리시는 예수 그리스도의 엄청난 권위와 통치를 축소하기 때문이다. 다시 말해, 그 이유는 주 예수님, 곧 언젠가 민족들의 분노를 작은 속삭임만으로 일순간에 잠잠하게 만드실 참된 예수님을 경이롭고, 두렵게 여기는 마음이 없기 때문이다.

구원

진정한 예수님은 구원하는 예수님이라는 것은 명백한 사실처럼 느껴진다. 그러나 내가 그분을 '구원하는 예수님'으로 일컫는 데는 매우 특별한 의미가 담겨 있다. 구체적으로 말해, 예수님은 도울 뿐 아니라 구원하신다. 죄인인 우리는 허물로 인해 상처를 입은 것이 아니라 죽었다. 우리에게 필요한 것은 단순한 도움이나 힘이 아닌 부활, 곧 온전한 구원이다(엡 2:1-6).

하나님이 우리를 구원하기 위해 그리스도 안에서 얼마나 많은 희생을 감수하셔야 했는지를 올바로 이해하지 못한 상태로 그리스도 안에서의 성장을 생각하는 것이 과연 온당할까? 지금 주님과 동행하며 사는 동안, 예수님이 약간만 도와주시면 우리의 노력으로 건강한 신앙생활을 영위해 나갈 수 있다는 생각이 과연 옳을까?

구원받는다는 것이 무슨 의미인지 아는가? 예수님은 누가복음에서 한 가지 비유를 이용해 구원의 의미를 명확하게 밝히셨다.

"한 바리새인이 예수께 자기와 함께 잡수시기를 청하니 이에 바리새인의 집에 들어가 앉으셨을 때에 그 동네에 죄를 지은 한 여자가 있어 예수께서 바리새인의 집에 앉아 계심을 알고 향유 담은 옥합을 가지고 와서 예수의 뒤로 그 발 곁에 서서 울며 눈물로 그 발을 적시고 자기 머리털로 닦고 그 발에 입 맞추고 향유를 부으니 예수를 청한 바리새인이 그것을 보고 마음에 이르되 이 사람이 만일 선지자라면 자기를 만지는 이 여자가 누구며 어떠한 자 곧 죄인인 줄을 알았으리라 하거늘 예수께서 대답하여 이르시되 시몬아 내가 네게 이를 말이 있다 하시니 그가 이르되 선생님 말씀하소서 이르시되 빚 주는 사람에게 빚진 자가 둘이 있어 하나는 오백 데나리온을 졌고 하나는 오십 데나리온을 졌는데 갚을 것이 없으므로 둘 다 탕감하여 주었으니 둘 중에 누가 그를 더 사랑하겠느냐 시몬이 대답하여 이르되 내 생각에는 많이 탕감함을 받은 자니이다 이르시되 네 판단이 옳다 하시고 그 여자를 돌아보시며 시몬에게 이르시되 이 여자를 보느냐 내가 네 집에 들어올 때 너는 내게 발 씻을 물도 주지 아니하였으되 이 여자는 눈물로 내 발을 적시고 그 머리털로 닦았으며 너는 내게 입 맞추지 아니하였으되 그는 내가 들어올 때로부터 내 발에 입 맞추기를 그치지 아니하였으며 너는 내 머리에 감람유도 붓지 아니하였으되 그는 향유를 내 발에 부었느니라 이러므로 내가 내게 말하노니 그의 많은 죄가 사하여졌도다 이는 그의 사랑함이 많음이라 사함을 받은 일이 적은 자는 적게 사랑하느니라 이에 여자에게 이르시되 네 죄 사함을 받았느니라 하시니 함께 앉아 있는 자들이 속으로 말하되 이가 누구이기에 죄도 사하는가 하더라 예수께서 여자에게 이르시되 네 믿음이 너를 구원하였으니 평안히 가라 하시니라"(눅 7:36-50).

모든 인간은 오백 데나리온을 빚졌다. 비유의 요점은 우리가 오십 데나리온을 빚졌다고 생각하는 경향이 있다는 것이다. 실패가 명백한 사람일수록 다른 사람들보다 자신의 죄를 더 절실히 느끼기 때문에 자신을 죽음에서 건져 온전한 생명에 이르게 할 구원을 더욱 간절히 바라는 법이다.

우리의 영적 성장이 더딘 이유 가운데 하나는 예수님이 우리를 구원하기 위해 감당하신 큰 희생을 진정으로 의식하는 마음이 서서히 사라지고 있기 때문이다. 우리가 전속력으로 다른 방향을 향해 질주할 때, 그분은 우리를 쫓아와서 우리의 반역을 제압하고, 우리에게 자기가 필요하다는 사실을 일깨우고, 그 필요를 채우기에 충분한 것이 자기에게 있다는 것을 보여주신다. 우리는 물에 빠져 허우적대며 구명구가 필요한 상태가 아니라 돌처럼 바다 밑바닥에 완전히 가라앉아 죽어버린 상태였다. 그분은 그런 우리를 건져 올려 새로운 생명을 불어넣어 일으켜 세우셨다. 우리가 지금 살아 숨 쉴 수 있는 것은 예수님이 죽음으로부터 우리를 온전히 구원하신 덕분이다.

예수님은 구원하신다.

친구

"이제부터는 너희를 종이라 하지 아니하리니…너희를 친구라 하였노니"(요 15:15). 예수님은 자기 백성을 친구로 여기신다. 그분의 우정은 그분의 온전한 충족성의 한 측면이다. 이 우정을 진정으로 의식하지 않으면 성장은 이루어질 수 없다.

우리 가운데 어떤 사람들은 예수님의 초월적인 영광을 강하게 의식한다. 이것도 다른 측면들과 마찬가지로 그분의 본질적인 속성을 구성하는 필수적인 측면 가운데 하나다. 우리는 예수님을 생각할 때 두려워한다. 그분의 영광스러운 위대함이 우리의 의식 속에 매일 떠오른다. 우리는 그분 앞에 나아갈 때 경외심과 공경심을 느낀다. 마땅히 그래야 한다.

그러나 사자요 어린 양이신 예수님은 초월성과 내재성을 동시에 지니고 계신다. 그분은 멀면서 가깝고, 위대하면서 선하시며, 왕이자 친구이시다. 구원자이신 예수님을 가장 친하고, 진실한 친구로 생각하고 있는지 궁금하다.

친구는 어떤 존재인가? 친구는 우리가 어려울 때 함께하고, 우리와 단둘이 있기를 좋아하며, 우리의 짐을 나눠 짊어지고, 우리의 말에 귀를 기울인다. 친구는 아무리 고귀하고, 중요한 신분을 지녔더라도 필요할 때는 언제라도 기꺼이 시간을 내준다.

친구는 자신의 속마음을 솔직하게 털어놓는다. 이것이 정확히 위에서 인용한 요한복음 15장 15절의 요점이다. 그 구절을 온전히 다 인용하면 다음과 같다. "이제부터는 너희를 종이라 하지 아니하리니 종은 주인이 하는 것을 알지 못함이라 너희를 친구라 하였노니 내가 내 아버지께 들은 것을 다 너희에게 알게 하였음이라." 믿을 수 없는 사실이다. 성자 하나님이 우주를 회복하려는 계획에 우리를 참여시키셨다. 그분이 우리를 측근으로 삼으셨다. 그분은 우리에게 자신이 하는 일을 말씀하고, 우리의 참여를 환영하신다.

예수님은 "세리와 죄인의 친구"라는 비난을 받으셨다(마 11:19, 눅 7:34). 그러나 경멸 섞인 그런 비난이 자신이 죄인의 범주에 속한다는 것을 알고 있는 사람들에게는 큰 위로를 준다. 이것이 이 두 집단(세리와 죄인들)이 예수님께 가까이 나왔던 이유였다(눅 15:1). 죄인들, 곧 자신이 죄인이라는 것을 알고 있는 사람들은 예수님 곁이 안전하다고 느낀다. 그들은 자신이 죄를 지었지만 사랑받고 있다는 것을 안다. 죄의 수치를 느끼면 예수님을 가까이하게 된다. 그분은 죄인들의 진정한 친구이시다.

그렇다면 다른 유형의 구원자라면 어떻게 할까? 우리와 일정한 거리를 유지하는 구원자, 곧 우리를 친구가 아닌 종으로 여기는 구원자를 좇는다면 과연 새로운 삶의 길을 걸어갈 수 있을까? 그러나 자기 의를 주장하는 자는 거부하나 자신의 수치와 연약함을 인정하는 자는 결코 거부하지 않는 구원자께서 우리에게 가까이 다가오시는 분이라면 우리 안에서 얼마나 깊은 변화가 일어날지 상상하기조차 어려울 것이다. 우리가 죄책감과 수치심을 가장 극심하게 느끼는 순간에 예수님은 가장 확실하고, 견고한 우정으로 우리를 감싸 안으신다.

예수님이 죄인들의 친구이시고, 우리 자신이 죄인이라는 것을 안다면 그분의 우정을 전보다 더 깊이 의식해야 한다. 마음을 열어 놓을 다른 친구들이 없어도 우리에게는 예수님이 계신다. 그분은 실패한 우리를 극진히 사랑하는 친구이자 연약한 우리를 지켜줄 막강한 동맹자이시다.

예수님은 우리를 친구로 여기신다.

인내

모든 인간관계는 자주 바뀌는 속성이 있다. 우리는 서로 영원히 헌신하겠다고 고백한다. 그 말은 진심이다. 그러나 인간인 우리는 변덕스럽다. 심지어 결혼할 때도 우리는 언약을 맺어야 한다. 왜일까? 그 이유는 우리의 감정이 쉽게 변하기 때문이다. 남편과 아내가 하나로 결합하려면, 단순한 감정을 넘어서는 약속이 필요하다.

예수님은 어떤 분이신가? 그분은 변하지 않는 친구이시다. 그분은 끝까지 인내하신다. 예수님은 세상에서의 마지막 한 주를 보내면서도 "자기 사람들을 사랑하시되 끝까지 사랑하셨다"(요 13:1). 예수님은 자기 백성과 굳게 결속하신다. 예수님과의 관계는 만기일이나 끝이 없다. 우리는 헌신을 주저하거나 망설일 수 있지만, 예수님은 절대로 그러하지 않으신다.

그리스도의 임재와 은혜를 우리가 실망을 안겨드리는 순간에 즉시 경보음을 울리며 멈추는 시계처럼 생각한다면 그분 안에서 성장할 수 없다. 예수님이 일단 우리를 자기에게로 이끌면 절대로 버리는 법이 없으시다는 진리를 굳게 확신해야만 더 건강하게 성장할 수 있다. 그분은 끝까지 우리에게 충실하실 것이다. 이 사실을 알면 마음이 안정되어 성장하기 시작한다. 어떤 성경 학자는 그리스도 안에서의 성장을 "열심히 분투하는데도 이상하리만큼 편안한 과정"으로 옳게 묘사했다.[3] 우리는 힘써 노력하지만, 그 노력은 항상 편안하게 이루어진다. 그 이유는 우리의 마음속에 예수님의 손에서 벗어나 죄를 짓는 일이 없을 것이라는 확신이 있기 때문이다.

이것이 로마서 5장의 논리다. 예수님은 "우리가 아직 연약할 때" 그리고 "우리가 아직 죄인 되었을 때" 우리를 위해 죽으셨다(6, 10

---

3 C. F. D. Moule, "'The New Life' in Colossians 3:1 – 17," *Review and Expositor* 70, no. 4 (1973): 482.

절). 이제 우리는 그분의 형제이기 때문에 그분은 우리를 절대로 놓지 않으신다. 예수님은 우리가 자기에게 속하지 않았을 때도 우리를 위해 십자가를 짊어지셨다. 이제 우리는 예수님께 속했기 때문에 그분은 더욱더 우리와 함께 끝까지 인내하실 것이다.

예수님은 우리를 인내하신다.

중보

그리스도 안에서의 성장과 관련해 종종 무시되는 또 하나의 중요한 요소는 그분의 사역이 우리가 죽은 자 가운데서 다시 살아났을 때 끝나지 않았다는 것이다. 그리스도의 사역을 다음과 같이 승천 때까지로 제한하는 것은 흔한 오류이다.

탄생 – 생애 – 죽음 – 장사 – 부활 – 승천

여기에는 그분이 지금 하고 계시는 사역이 빠져 있다.

탄생 – 생애 – 죽음 – 장사 – 부활 – 승천 – 중보

성경은 그리스도 예수께서 하나님 우편에 계신 자요 우리를 위하여 간구하시는 자이시기 때문에 아무도 우리를 정죄할 수 없다고 가르친다(롬 8:34). 예수님은 우리를 위해 대언하신다. 그분은 우리를 위해 기도하신다. 토머스 굿윈은 "그리스도께서는 지금도 여전히

말씀을 전하시지만, 그분이 하늘에서 우리를 위해 하시는 또 다른 일이 있다. 그분은 세상에 계실 때 자기를 십자가에 못 박는 유대인들을 위해 기도하셨듯이 우리가 죄를 짓고 있는 동안에도 하늘에서 우리를 위해 중보 기도를 드리신다."라고 말했다.[4]

예수님은 하늘에서 지루하게 지내지 않으신다. 그분은 세상에 계실 때와 똑같이 우리를 위해 온전히 헌신하신다. 그분은 우리를 위해 중보 기도를 드리신다. 왜일까? 그 이유는 우리가 신자인데도 계속 죄를 짓기 때문이다. 우리가 한 번의 회심으로 다시 죄를 짓지 않는 사람이 될 수 있다면, 그리스도의 중보 사역이 필요하지 않을 것이다. 그런 경우라면, 회심 전에 지은 죄를 청산해 줄 그분의 죽음과 부활만 필요할 것이다. 그러나 예수님은 모든 것을 책임지는 구원자이시다. 우리는 하나님을 기쁘시게 하려고 애쓰지만, 실패를 거듭할 때가 많다. 그럴 때마다 그리스도의 중보 사역을 통해 매 순간 성부 하나님 앞에서 그분이 과거에 이루신 속죄 사역이 효력을 발휘한다. 성경은 "(예수님이) 자기를 힘입어 하나님께 나아가는 자들을 온전히 구원하실 수 있으니 이는 그가 항상 살아 계셔서 그들을 위하여 간구하심이라"(히 7:25)라고 말씀한다. 그분은 하늘의 법정에서 우리를 대언하신다. "그가 항상 살아 계셔서 그들을 위하여 간구하심이라"라는 말씀대로, 이것은 항상 진행되는 현실이다.

예수 그리스도께서 우리의 편이시라는 사실을 깊이 의식해야만

---

4 Thomas Goodwin, *Encouragements to Faith, in The Works of Thomas Goodwin*, 12 vols. (repr., Grand Rapids, MI: Reformation Heritage, 2006), 4:224.

그분 안에서 성장할 수 있다. 그분이 우리를 대신해 죽었다가 다시 살아나신 이유는 가만히 팔짱을 끼고 우리가 어떻게 하나 물끄러미 지켜보기 위해서가 아니다. 그분은 우리를 대신해 계속해서 일하신다. 예수님은 우리를 온전히 구원하신다. 그분은 아무도, 심지어는 우리 자신조차 우리를 변호하지 못할 때 우리의 대언자가 되어주신다. 그분은 우리보다 우리의 성장에 더욱 헌신적이시다.

예수님은 중보 기도를 드리신다.

재림

그리스도의 임박한 재림을 마음으로 생생하게 의식할 때 그리스도 안에서의 성장이 왕성하게 이루어질 수 있다.

이 세상이 현재처럼 영원히 계속될 것이라는 단조로운 생각에 머물러서는 그리스도 안에서 성장하기가 어렵다. 그러나 "주 예수께서 자기의 능력의 천사들과 함께 하늘로부터 불꽃 가운데에 나타나실 때"를 고대하면(살후 1:7, 8) 기대감과 긴박성이 고조되어 앞으로 힘차게 나아갈 수 있다.

조나단 에드워즈는 1746년에 "부활의 아침이 밝아 부활의 태양이 하늘 위에 나타나서 찬란한 광채와 영광을 비추면 신랑이신 예수님이 오실 것이다. 그분은 성부 하나님의 영광으로 거룩한 천사들과 함께 오실 것이다."라고 설교했다.[5] 언젠가 그런 날이 올 것이

---

5 Jonathan Edwards, "The Church's Marriage to Her Sons, and to Her God," in *The*

라고 진정으로 믿는가? 그 일은 역사 속에서, 즉 특정한 달과 특정한 날에 실제로 일어날 것이다. 그 날은 이미 정해졌다(행 17:31). 그 날은 오직 하나님만 아신다(마 24:36). 그 날은 가까이 이르렀다(마 24:42). 그 날이 왔을 때, 안일함에 젖어 그리스도 안에서 성장하려고 힘써 노력하지 않은 것을 후회하지 않을 자신이 있는가? 우리의 실제적인 영적 상태보다 훨씬 더 큰 공로와 평판을 쌓아왔다고 은근히 자부하다가 갑작스레 당황하는 일은 없을 것이라고 확신하는가?

예수님은 세상을 떠날 때는 조용히 떠나셨지만 돌아오실 때는 천지를 진동시키며 오실 것이다(살전 4:16). 그분은 조용히 사라졌지만, 위풍당당하게 돌아오실 것이다. 그 날이 내일일 수도 있다. 그렇지 않더라도 하루 더 가까워졌다.

예수님은 재림하신다.

온유함

마지막으로, 예수님은 지극히 온유하시다(나는 사람들이 이 책을 읽는 동안 이 말이 그들의 마음속에서 가장 강력하게 메아리치기를 바란다).

예수님은 온 세상에서 가장 개방적이고, 가장 평화롭고, 가장 포용력이 크고, 가장 접근하기 쉬운 분이다. 그분은 거친 분이 아니라

Works of Jonathan Edwards, vol. 25, *Sermons and Discourses, 1743–1758*, ed. Wilson H. Kimnach (New Haven, CT: Yale University Press, 2006), 183.

더할 나위 없이 온유하신 분이다. 그분은 무한한 능력을 지녔으면서도 무한히 온유하고, 눈부신 광채를 뿜어내면서도 지극히 침착하시다.

예수님이 어떤 분이신지를 몇 마디로 정의하라면 어떻게 말하겠는가? 예수님은 "나는 마음이 온유하고 겸손하니"(마 11:29)라고 자신의 마음에 관해 말씀하셨다. 성경에서 '마음'은 단순한 감정이 아닌 모든 행위의 근원지를 가리킨다. 우리의 가장 깊은 사랑과 욕구와 야망이 마음에서부터 비롯한다. 예수님은 자기가 하는 모든 행위의 원천이자 동력이자 활력의 근원지를 솔직하게 드러내셨다. 예수 그리스도의 가장 깊은 내면을 들여다보면, 온유함과 겸손함을 발견할 수 있다.

그러나 우리 자신의 마음을 알고 있는 우리는 예수님이 그런 분이라는 진실을 받아들이는 데 어려움을 겪는다. 우리는 우리의 내면에서 추악함만을 발견한다. 우리는 우리 자신을 직시하기가 어렵다. 우리 자신이 한없이 부족하게만 느껴진다. 그와는 달리 예수님은 지극히 거룩한 하나님의 아들이시다. 따라서 교회 안에서조차 그분이 자기 백성과 어느 정도 거리를 두고 계시는 것처럼 느껴지기 마련이다. 이것은 본능적으로 이루어지는 지극히 정상적이고, 자연스러운 현상이다. 성경이 필요한 이유가 여기에 있다. 마태복음 11장 29절을 통해 가장 분명하게 드러난 성경적 증언은 우리가 본능적으로 느끼는 것과 상관없이, 하나님이 엉망진창인 자기 백성을 기꺼이 받아들이신다는 것이다. 그분은 자기 백성이 후회, 고통, 어려움, 결핍에 시달리는 깃을 보면 주체할 수 없는 연민을 느끼신다.

예수님께 가기 위해 보안 검색대를 통과하거나 줄을 서거나 표를 사야 할 필요는 없다. 그분의 관심을 끌기 위해 손을 흔들어댈 필요도 없고, 그분이 듣도록 목소리를 높일 필요도 없다.

우리가 아무리 작아도 그분은 우리를 발견하고, 죄가 아무리 많아도 우리를 자신 가까이로 이끌며, 우리의 고뇌가 아무리 깊어도 우리와 함께하신다.

우리가 생각할 때 예수님이 전혀 그러실 것처럼 보이지 않을 때도 그분은 우리를 온유하게 대하고, 우리에게 깊은 관심을 기울이신다. 우리는 이런 사실을 분명하게 알고 있어야 한다. 그분은 우리가 타락했다고 해서 멀리 물러서지 않으신다. 그분은 우리의 필요와 공허함과 슬픔을 외면하지 않으신다. 그분은 우리가 어려울 때 느릿느릿 행동하지 않으신다. 그분은 월요일 아침이면 자명종 소리에 억지로 잠자리에서 몸을 일으키는 10대 소년이 성탄절 아침에는 마치 용수철이 튀어 오르듯 재빨리 일어나는 것처럼 황급하게 서두르신다. 마태복음, 마가복음, 누가복음, 요한복음에서 발견되는 예수님을 살펴보라. 그분이 누구와 어울리셨는가? 그분이 무엇을 보고 눈물을 흘리셨는가? 그분이 무엇 때문에 아침에 잠자리에서 일어나셨는가? 그분이 누구와 점심을 드셨는가? 소외된 이들, 공허한 이들, 오랫동안 절망에 빠졌던 이들, 삶이 온통 망가진 이들이었다.

내가 이 책에서 미리 분명하게 밝혀두고 싶은 것은 예수님이 마음이 온유하고 겸손하시다는 사실이다. 우리는 예수님을 우리의 생각에 맞추기를 좋아한다. 그러나 성경은 우리의 잘못을 바로잡아

주며, 그런 태도를 버리라고 가르친다. 우리는 우리의 생각에 맞는 예수님, 곧 적당히 온유하고, 적당히 자비로운 예수님을 만들어낸다. 성경은 그런 축소된 예수님을 제거하고, 진정한 그리스도를 보여준다. 그분의 마음은 더할 나위 없이 온유하고, 겸손하시다.

이 책은 "우리가 어떻게 변화되는가?"라는 문제를 다룬 책이다. 간단히 말해, 예수님이 어떤 분인지를 알지 못하면 변화될 수 없다. 특히 예수님이 지극히 온유하신 분이라는 사실을 알고, 일평생 그분의 온유하심 속으로 더 깊이 나아가야 한다. 예수님의 참모습을 발견하지 못하면 남는 대안은 오직 하나, 곧 쳇바퀴를 굴리는 삶으로 되돌아가서 최선을 다해 예수님을 존중하고 따르려고 노력하며, 우리가 실패할 때마다 그분의 은혜와 자비의 비축량이 조금씩 줄어들 것으로 생각하면서 은혜가 다 소진되기 전까지 일평생 힘써 달리다가 죽기를 바라는 것뿐이다. 만일 우리가 그리스도 안에 있다면 성경의 가르침에 귀를 기울여야 한다. 우리의 죄는 오히려 은혜의 비축량을 더욱 늘린다. 죄가 넘치는 곳에 은혜는 더욱 넘친다. 우리가 가장 큰 수치심과 후회를 느끼는 그곳에 예수님의 마음이 머무르며 절대로 떠나지 않는다.

이 책을 읽으면서 계속해서 인생을 살아가려면 축소된 예수님을 과감하게 등지고, 우리의 연약함을 능히 감싸고도 남을 만큼 온유하신 참된 예수님, 곧 측량할 수 없는 풍성함을 지니신 그리스도를 바라봐야 한다. 참된 그리스도 밑에서 보살핌과 가르침을 받아야만 왕성하게 성장할 수 있다.

"나는 마음이 온유하고 겸손하니."

예수님은 온유하시다.

진정한 그리스도

우리의 성장을 그리스도 안으로 들어가는 여행길로 생각하자.
마치 전인미답의 지역을 가는 것처럼 예수님에 관해 우리가 알지
못하는 사실들을 힘써 탐구하자. "예수님은 이런 분이신 것이 틀림
없어."와 같은 선입견에 예수님을 꿰맞추려는 우리의 성향을 극복
하자. 예수님께 우리를 놀라게 할 기회를 드리고, 그분의 온전하심
을 바라보며 즐겁게 살아가자. 큰 그리스도를 바라보자. C. S. 루이
스는 1959년에 쓴 편지에서 이렇게 말했다.

'온유하신 예수님'이라니, 참으로 놀랍다. 우리 주님에 관한 가장 인상
깊은 한 가지 사실은 크나큰 사나움과 지극한 온유함이 하나로 결합되
어 있다는 것이다(파스칼을 기억하는가? 그는 "하나의 극단적인 덕성만 보여주
고, 동시에 그와 정반대되는 또 하나의 극단적인 덕성은 보여주지 못한다면, 나는
그 한 가지 덕성을 칭찬하지 않을 것이다. 한 가지 극단적인 것만이 아니라 동시에
두 가지 극단적인 것을 보여주고, 그 사이에 있는 공간을 가득 채워야만 비로소 위
대함을 보여줄 수 있다."라고 말했다).

이에 더해 예수님은 최고의 풍자가요 변증가요 유머 작가이심을 기억하

라. 그러니 그대로 계속 나아가라. 당신은 지금 올바른 길을 따라 가고 있다. 즉 그분을 대체하는 모든 석고 인형 뒤에 있는 진정한 그분에게로 나아가고 있다. 호랑이와 양을 창조하고, 눈사태와 장미를 만드신 하나님이 인간의 형상으로 나타나셨다. 그분은 우리를 깜짝 놀라게 하고, 어리둥절하게 만드실 것이다. 인형은 사랑하거나 우러러볼 수 없지만 진정한 그리스도는 그렇게 할 수 있다.[6]

지금 이 자리에서 성경과 성경을 해설한 좋은 책들을 통해 남은 생애 동안 진정한 그리스도의 측량할 수 없는 풍성함 속으로 힘써 나아가겠다고 하나님 앞에서 굳게 다짐하라.

무한히 충만하신 그리스도의 사랑에 힘입어 왕성하게 성장해 나가라.

---

6 C. S. Lewis, *The Collected Letters of C. S. Lewis, vol. 3, Narnia, Cambridge, and Joy, 1950–1963*, ed. Walter Hooper (San Francisco: HarperCollins, 2009), 1011.

2

절망

이상하면서도 일관된 메시지가 성경 전체에서 발견된다. 성경은 전진이 후퇴처럼 느껴질 것이라고 거듭 말씀한다.

시편은 하나님이 삶에 짓눌려 마음이 상한 사람들을 가장 가까이하신다고 가르친다(시 34:18). 잠언도 하나님이 가난하고 겸손한 사람들에게 은혜를 베푸신다고 말씀하고(잠 3:34), 이사야서도 지극히 높은 곳, 곧 하늘의 영광 중에 거하시는 하나님이 지극히 낮은 곳, 곧 마음이 가난하고 겸손한 자들과 함께하신다고 말씀한다(사 57:15, 66:1, 2). 예수님은 "한 알의 밀이 땅에 떨어져 죽지 아니하면 한 알 그대로 있고 죽으면 많은 열매를 맺느니라"(요 12:24)라고 말씀하셨다. 또한, 그분은 섬김이 위대함에 이르는 길이고, 모든 사람의 종이 되는 것이 으뜸이 되는 길이라고 가르치셨다(막 10:43, 44). 야고보는 대담하게도 "너희 웃음을 애통으로…바꿀지어다"(약 4:9)라고 말했다.

성경은 왜 그렇게 말씀할까? 하나님은 항상 우리가 죄책감을 느끼기를 원하실까? 그분은 우리의 콧대를 꺾어놓고, 우리가 너무 행복하지 않도록 우리의 기쁨에 찬물을 끼얹기를 좋아하실까?

결코 그렇지 않다. 성경이 그렇게 말씀하는 이유는 하나님이 우리가 하늘의 큰 환호성과 함께 행복에 겨워 어쩔 줄 몰라 하기를 진정으로 원하시기 때문이다. 그분은 우리를 낮추어 우리가 제정신으로 정직하게 자신의 질병을 발견하고 의원에게 달려가서 치유 받기를 원하신다.

타락한 인간은 오직 절망의 문을 통해서만 기쁨에 이를 수 있다. 충만함은 공허함을 통해서만 얻을 수 있다. 그런 일이 회심을 통해, 곧 우리가 절망 속에서 우리의 곤궁함을 고백하며 예수님의 품에 안기는 순간에 결정적으로 이루어진다. 그 후부터는 신앙생활을 하는 내내 그런 과정이 반복된다. 만일 그리스도 안에서 성장하고 있지 않다면, 절망이라는 건강하고, 건전한 훈련을 등한시하고 있기 때문인지도 모른다.

마르틴 루터도 교회사의 다른 인물들과 마찬가지로 이런 사실을 분명하게 이해했다. 그는 《의지의 속박》에서 이렇게 말했다.

하나님은 겸손한 자, 곧 자기 자신에 대해 절망을 느끼고 탄식하는 자에게 은혜를 주겠다고 분명히 약속하셨다. 자신의 능력과 방법과 노력과 의지와 행위로는 절대로 구원받을 수 없다는 것을 깨닫고, 다른 존재, 곧 하나님의 선택과 의지와 사역을 전적으로 의지하지 않으면, 그 누구도 온전히 겸손해질 수 없다. 자기 자신이 구원에 보탬이 될 만한 일을 할 수 있다고 조금이라도 생각한다면 스스로에 대해 절망하지 않고 어느 정도 자신감을 가질 수밖에 없기 때문에 하나님 앞에서 겸손할 수 없을 뿐 아니라, 언젠가 적절한 시간과 장소와 할 일이 주어진다면 마침내 구원에 도달할 수 있을 것이라는 희망을 품기 마련이다. 그러나 모든 것이 하나님의 뜻에 달려 있다는 확신이 들면, 스스로에 대해 철저한 절망감을 느끼고 혼자서는 아무것도 선택하지 않은 채 하나님이 역사하시기를 기다린다. 그때 그는 은혜에 근접한 것이다.[7]

루터의 모든 글에서 분명하게 드러나듯이, 그는 절망이 회심할 때만 필요한 단회적인 경험이 아니라는 것을 확실하게 이해했다. 그리스도인의 성장은 다른 무엇보다도 우리 자신의 무력함과 빈궁함, 곧 우리의 힘으로 영적 성장을 이루려는 노력이 무익하고, 공허할 뿐이라는 것을 깨달을 때 일어난다. 그리스도와 동행하며 성장하려면 우리 자신에 대해 몇 번이고 되풀이해서 절망해야만 한다. 이번 장에서는 그런 건설적인 절망의 필요성을 잠시 살펴볼 생각이다.

죄의 사악함

인간의 자연 상태는 어떨까?

한편으로 생각하면, 우리는 매우 영광스러운 존재다. 우리가 영

---

7 Martin Luther, *The Bondage of the Will*, in *Career of the Reformer III*, in *Luther's Works*, ed. Jaroslav Pelikan and Helmut T. Lehmann, 55 vols. (Philadelphia: Fortress, 1955 – 1986), 33:61 – 62.

광스러운 이유는 하나님의 형상으로 창조되었기 때문이다. 우리는 하나님의 형상 때문에 우주의 다른 모든 피조물과 뚜렷하게 구별된다. 우리는 구조물을 건축하고, 예술을 창조하며, 사랑하고, 일한다. 우리는 세상을 다스린다. 그것이 하나님이 의도하신 것이다. 하나님은 아담을 에덴동산에 두어 "그것을 경작하며 지키게 하셨다"(창 2:15). 이 두 히브리어 단어는 경작과 보호를 의미한다. 그것이 하나님의 형상으로 창조된 모든 인간이 이 지구상에 존재하는 이유다. 우리는 이 세상을 발전시키고, 정복하고, 다스리기 위해 창조되었다.

그러나 우리는 또한 철저하게 실패했다. 에덴동산에 있던 인류의 첫 조상이 저지른 반역이 대대로 이어지면서 그로 인한 불행한 결과들이 우리의 모든 측면에 영향을 미친다. 우리의 육체는 서른이 넘으면 서서히 힘을 잃기 시작하고, 질병과 자연재해가 예측할 수 없는 공포 속으로 우리를 휩쓸어간다. 가장 음험한 것은 우리의 마음과 생각이 오염된 것이다. 우리는 금지된 것을 탐하고, 다른 사람의 불행을 즐거워하며, 베풀기보다 쌓기를 좋아한다. 간단히 말해, 우리는 자아라는 보좌를 중심으로 우리의 삶을 건설한다. 로마서 3장은 죄가 육체의 모든 부분을 오염시킨 현실을 드러내 보임으로써 이런 사실을 적절하게 묘사했다(롬 3:9-18). 타락한 인간은 온갖 부도덕의 온상이다.

그리스도를 믿는다고 고백하는 사람들은 겉으로는 죄의 현실을 기꺼이 인정한다. 그러나 속으로는 죄를 소극적으로 다룬다. 우리는 "완전한 사람은 아무도 없어. 모두가 실수를 저질러."라는 식으로 생각한다. 그러나 우리의 문제는 약간의 실수를 저지르며 올바른 방향을 향해 나아가고 있는 것이 아니라 그릇된 방향을 향해 질주하고 있다는 데 있다. 우리의 내면에 존재하는 죄는 한두 개의 섬이 아닌 바다 전체와 같다. 성경은 "인생의 마음에는 악이 가득하여 그들의 평생에 미친 마음을 품고 있다가"(전 9:3)라고 말씀한다.

성경이 죄로 일컫는 이런 악의 현실 때문에 우리는 죄를 제대로 인식하지 못한다. 영국 설교자 마틴 로이드존스는 "우리 스스로는 우리 자신이 죄인이라는 사실을 느낄 수 없다. 그 이유는 죄의 결과로 모든 비난에 맞서 우리를 항상 옹호하려는 성향이 생겨났기 때문이다. 우리는 우리 자신과 좋은 관계를 유지하며 항상 우리 자신을 좋게 생각한다."라고 말했다.[8] 이를테면, 우리는 우리가 항상 건강하다고 생각하는 질병을 앓고 있는 셈이다. 이것이 성경이 우리의 죄성을 눈이 먼 상태에 빗대어 말씀하는 이유다(사 6:10, 42:7, 마 15:14, 23:17, 요 9:40-41, 고후 4:4, 요일 2:11, 계 3:17).

내가 말하려는 요점은 자기 자신에 대한 절망이 영적 성장을 구축할 수 있는 확실한 토대라는 것이다. 우리의 내면에 있는 악을 축소하는 정도에 따라 영적 성장의 깊이가 그만큼 줄어든다. 두통이 있을 때는 진통제를 먹고 잠을 자고, 뇌종양이 있을 때는 항암제 치료를 받는다. 건강 상태의 심각성에 따라 필요한 약의 강도도 달라진다. 우리의 죄성을 치명적인 암이 아닌 귀찮은 두통 정도로 알면 성장도 그 정도밖에 이루어지지 않는다. 그러나 우리의 질병이 몸

---

8 Martyn Lloyd-Jones, *Seeking the Face of God: Nine Reflections on the Psalms* (Wheaton, IL: Crossway, 2005), 34.

시 중하다는 것, 곧 우리가 하나님이 의도하신 영광에서 심각하게 멀어진 상태라는 것을 깨달았다면, 우리의 현재 상태와 우리가 본래 창조된 상태의 광대한 간극을 메우기 위한 결정적인 첫걸음을 이미 내디딘 셈이다. 스코틀랜드 목회자 로버트 머레이 맥체인은 "자신의 마음에 대해 많이 알려고 노력하라. 알 수 있는 것을 모두 알았다면, 틀림없이 깊이를 알 수 없는 구덩이가 불과 몇 발자국 앞에 놓여 있는 것을 보았을 것이다."라고 말했다.[9]

우리의 죄성을 포괄적인 방식으로 이해해야 할 필요가 있다. 단지 우리의 부도덕성만이 내면의 악을 드러내는 것이 아니다. 심지어 우리의 도덕성조차도 악으로 가득하다. 이런 말이 지나치게 음침하고, 부정적으로 들리는가? 각자의 삶을 한 번 돌아보라. 어제 누군가를 섬겼던 행위가 실상은 자신의 너그러움을 드러내고, 좋은 인상을 심어주기 위한 것은 아니었는가? 너무 성급하게 대답하지 말라. 어제 명랑한 얼굴로 주위 사람들에게 인사말을 건넨 것이 곰곰이 생각해 보니 다른 사람들이 나를 좋게 생각하기를 바라는 마음으로 한 것이라면 어떻게 해야 할까? 아우구스티누스가 말한 대로, 그것은 미덕을 가장한 악덕이 아닐까?[10]

베드로후서와 유다서와 같은 신약성경의 서신서들은 기본적으

---

9 Robert Murray McCheyne, in an 1840 letter, in Andrew A. Bonar, *Memoirs and Remains of the Rev. Robert Murray McCheyne* (Edinburgh: Oliphant, Anderson, and Ferrier, 1892), 293.

10 Saint Augustine, *City of God*, ed. Vernon J. Bourke, trans. Gerald G. Walsh, Demetrius B. Zema, Grace Monahan, and Daniel J. Honan (Garden City, NY: Image, 1958), 19.25.

로 부도덕한 행위의 그릇됨을 지적하기 위해 쓰였다. 그러나 갈라디아서와 골로새서와 같은 서신서들은 거짓된 도덕성의 그릇됨을 보여주기 위해 쓰였다. 우리는 본성이 악하기 때문에 자아를 섬기려는 목적으로 모든 것을 행하려는 경향이 있다. 부도덕성이 아닌 도덕성이 예수님과 관계를 맺는 데 가장 큰 걸림돌이라는 사실이 사복음서 전체에 분명하게 드러나 있다. 가난하고, 소외된 이들은 예수님께 나와 울면서 머리털로 그분의 발을 씻겨드리고, 모든 것을 바쳤지만, 사회적 주류였던 종교인들은 예수님을 의심하고, 시기했을 뿐 아니라 급기야는 죽였다.

죽기 전에 먼저 죽어라

요점은 분명하다. 우리의 실상을 있는 그대로 직시해야 한다. 기독교의 구원은 그냥 도와주는 것이 아니라 전적인 구조다. 복음은 우리의 장점을 취해 하나님의 도움으로 그것을 완성시키지 않는다. 복음은 우리가 죽었고 무력하기 때문에 우리의 구원에 어떤 기여도 할 수 없고, 오로지 죄만 지을 뿐이라고 가르친다. 기독교의 구원은 향상이 아닌 부활을 의미한다.

우리가 처음 회심할 때나 그 후에 수없이 반복해서 해야 할 일은 잘 정돈된 우리의 삶을 하늘에서 조금 도와달라고 하나님께 구하는 것이 아니다. 우리가 해야 할 일은 절망으로 무너지는 것이다. 우리의 힘으로는 아무것도 할 수 없다는 절망감에 온전히 압도되어야 한다. 간단히 말해, 우리는 죽어야 한다. C. S. 루이스의 《우리가 얼굴을 찾을 때까지》에 등장하는 인물은 "죽기 전에 먼저 죽어라. 나중에는 기회가 없다."라고 옳게 말했다.[11]

물론, 절망 자체가 목적은 아니다. 그러나 그것은 건강한 영성의 필수 요소다. 그것을 피해 갈 수는 없다. 일부 그리스도인들이 일평생 얕은 곳에만 머무는 이유 가운데 하나는 자신의 실상을 정직하게 직시하는 고통스러운 과정을 거쳐 좀 더 깊은 곳으로 나아가려고 애쓰지 않기 때문이다. 이것이 라오디게아 교회가 저지른 잘못이었다. 예수님은 "네가 말하기를 나는 부자라 부요하여 부족한 것이 없다 하나 네 곤고한 것과 가련한 것과 가난한 것과 눈먼 것과 벌거벗은 것을 알지 못하는도다"(계 3:17)라고 그들의 잘못을 지적하셨다.

우리도 똑같은 잘못을 저지를 수 있다. 그렇게 되지 않으려면, 절망이라는 자유 낙하를 시도하라. 하나님의 영광스러운 형상을 무시하라는 말은 결코 아니다. 단지 신앙생활을 하는 내내 우리 안에 얼마나 큰 악이 도사리고 있는지를 기억하는 건강한 영적 상태를 유지하라는 당부일 뿐이다. 거듭났더라도 마찬가지다. 스스로의 죄성을 의식하라. 그로 인해 항상 겸손하며 깨어 있으라. 토크쇼를 시청하거나 전화에 매달리느라 바빠 그리스도가 없는 삶의 황폐한 상태를 정기적으로 곰곰이 생각할 시간을 빼앗기지 않도록 주의하라. 그렇지 않으면 우리의 죄성의 무게를 충분히 강하게 느낄 수 없다. 자신의 황폐한 본성의 깊이를 깊이 의식하지 않는 사람들 가운데

---

11 C. S. Lewis, *Till We Have Faces: A Myth Retold* (New York: Harcourt, 1956), 279.

깊이 있는 성장을 이룬 그리스도인은 단 한 사람도 없다.

극명한 대조

우리의 죄성을 직시하려면 가만히 앉아 내면을 바라보며 우리의
마음을 살피는 내적 성찰만으로는 부족하다. 물론, 그렇게 하는 것
도 필요하다. 특히 오늘날과 같은 초고속 세상에서는 내면에서 어
떤 일이 벌어지고 있는지를 조용히 들여다보지 않는 사람들이 너무
나도 많다. 그러나 자기성찰은 한계가 있는 법이다. 우리의 내면에
있는 어둠은 하나님의 찬란한 광채에 비춰봐야만 비로소 확연하게
드러난다. 조나단 에드워즈는 그의 신학적 성찰의 내용을 공책에
다음과 같이 적었다.

순수함과 거룩함의 무한한 원천을 보고, 무한히 순수한 불꽃이 무엇인
지, 또 그것에서 뿜어져 나오는 순수한 빛이 무엇인지를 앎으로써 하늘
조차도 그것과 비교하면 불순해 보인다는 것을 깨닫고 나서 그 앞에 무
한히 더럽고 혐오스럽고 가증스러운 것을 가져다 놓는다면, 그것을 거
부하고 싶은 모종의 형용할 수 없는 맹렬한 반감이 일어나는 것이 자연
스러운 현상이 아닐까? 또한, 그런 순수함을 소유하지 못한 것이 참으로
충격적이고 흉측하게 생각되지 않을까?[12]

---

[12] Jonathan Edwards, "Miscellany 779," in *The Works of Jonathan Edwards, vol. 18, The
"Miscellanies," 501–832*, ed. Ava Chamberlain (New Haven, CT: Yale University Press,
2000), 438.

우리의 처지가 얼마나 비참한지는 하나님의 무한한 아름다우심과 우리 자신의 실상을 직접 대조해야만 분명하게 알 수 있다. 베드로는 물고기를 잡는 기적적인 현상을 체험하고 나자 자기와 함께 배 안에 있는 사람이 거룩한 하나님이시라는 사실을 깨달았다. 그 순간, 그는 예수님의 등을 두드리며 물고기를 많이 잡게 해주어서 고맙다고 말하지 않았다. 그는 납작 엎드려 "주여 나를 떠나소서 나는 죄인이로소이다"(눅 5:8)라고 말했다.

그런 경험을 해본 적이 있는가? 거룩하신 하나님 앞에서 자신의 추악함과 연약함을 의식하는 것이 무엇인지 알고 있는가?

우리 자신의 영적 파산 상태를 정직하게 인정하는 고통스러운 과정을 거치지 않으면 깊은 성장을 기대할 수 없다. 하나님 앞에서 우리의 전적인 무능함과 반역적인 성향을 보고, 느껴야만 한다. 그분의 무한한 아름다움과 완전함은 우리의 죄성을 여실히 드러낸다.

위대한 전제 조건

과거의 죄의 습관에 얽매여 이러지도 저러지도 못하고 있다면, 그 절망을 건강한 자기 부정으로 바꾸라. 그것은 진정한 영적 성장의 길로 나아가는 문이다. 자신의 무력함을 깨달았다면 겸손하라. 그것을 자신의 교만을 꺾는 계기로 삼아라. 그리고 그 상태에만 머물러 허우적대지 말고, 우리가 자신에 대해 그토록 자연스럽게 느끼곤 하는 손쉬운 낙관론을 완전히 버리라.

앞으로 전개할 장들에서 이 죽음으로 인한 긍정적인 결과들을 살펴볼 생각이다. 하지만 이 죽음의 단계를 우회하려고 해서는 안 된다. 이것은 다른 모든 것의 위대한 전제 조건이다. 신앙생활은 부활에 곧장 이르는 곧은 길이 아니라 죽음으로 굽이져 내려갔다가 다시금 부활로 나아가는 길이다.[13] 우리는 우리 자신이 얼마나 비난받을 만한 죄인인지를 갈수록 더욱 절실히 의식하며 살아가야 한다. 바울은 삶을 마칠 때까지 항상 자신을 장차 상을 받게 될 가장 악한 죄인으로 생각하며 살았다(딤전 1:15). 내가 알고 있는 80대 노인들 가운데 가장 경건한 사람들은 과거의 그 어느 때보다 지금 자신이 더 악한 죄인이라고 느끼며 살고 있다. 그들은 건강한 자기 절망의 이치를 깨달았다. 목회자이자 찬송가 작가인 존 뉴턴은 1776년, 그러니까 그가 쉰한 살 때 보낸 한 통의 편지에서 이렇게 말했다. "믿음의 삶은 이론적으로는 다른 사람들에게 몇 마디로 간단히 설명할 수 있을 만큼 매우 단순하고 쉽지만, 실제로는 너무나도 어렵다. 나는 감히 앞으로 나아가고 있다고 말하기 어려울 정도로 천천히 나아가고 있다."[14]

성화의 과정에서 과연 자신이 무엇을 이룰 수 있을 것인지를 생각하며 절망을 느껴본 적이 있는가? 만일 없다면, 용기를 내 거울에 자신을 똑바로 비춰보고, 회개하라. 자신의 영적 빈곤을 깨닫고, 주님께 교만함을 용서해 달라고 기도하라. 자신의 노력으로 내적

---

13 Paul E. Miller, *J-Curve: Dying and Rising with Jesus in Everyday Life* (Wheaton, IL: Crossway, 2019)을 보라.

14 *Letters of John Newton* (Edinburgh: Banner of Truth, 2007), 184; similarly 212-13, and indeed this is a repeated theme throughout Newton's letters.

변화를 이룰 수 있는 것이 아무것도 없다는 것을 깨닫고 자아를 죽이면, 바로 그런 절망과 공허함 속에 하나님이 살아 계시는 것을 발견하게 될 것이다. 하나님은 사막 한가운데서 물이 흐르게 하고, 나무들이 자라게 하기를 좋아하신다. 하나님의 역사가 일어나는 데 필요한 것은 우리의 절망뿐이다. "너는 오직 네 죄를 자복하라"(렘 3:13). 우리가 순결하신 주님의 불꽃 같은 눈길을 외면한 채 다른 곳을 바라보거나 우리의 죄와 빈궁함을 미소와 농담으로 가리고, 우리의 가장 깊은 마음속에 도사리고 있는 사실(즉 우리가 사악하다는 것)을 감춘 채, 우리의 노력과 능력을 또다시 의지하려고 하면 성장은 이루어질 수 없다.

조금 절망하면 조금 성장할 뿐이다. 패커는 "그리스도를 믿는 믿음의 건전성을 나타내는 지표는 참된 자기 절망이다. 믿음은 거기에서 나온다."라고 말했다.[15] 단지 자신이 파산 상태에 이르렀다는 것을 말로 인정하는 것으로 그치지 말고, 온몸으로 느껴야 한다. 우리가 얼마나 사악한지 서두르지 말고 천천히 생각해야 한다.

뉴턴은 1779년에 작시한 찬송가에서 오직 절망을 통해서만 참된 성장이 이루어진다는 사실을 정확하게 묘사했다.

믿음과 사랑과 모든 은혜 안에서
성장하게 해달라고,

---

15 *J. I. Packer, A Quest for Godliness: The Puritan Vision of the Christian Life* (1990; repr., Wheaton, IL: Crossway, 2010), 170.

구원에 대해 더 많이 알고
주님의 얼굴을 더욱 열심히 구하게 해달라고
주님께 기도했네.

주님은 내게 기도하라고 가르치셨고,
기도에 응답하셨네.
그러나 내가 항상 거의 절망에 이를 즈음에
그렇게 하셨네.

나는 상황이 좋을 때
즉각 나의 기도에 응답해
그분의 강력한 사랑의 힘으로
나의 죄를 제압하고, 안식을 주시기를 바랐었네.

그러나 주님은 내 마음속에 감추어진 악을
깨닫게 하고,
지옥의 맹렬한 권세가
내 영혼의 모든 곳을 공격하게 하셨네.

더욱이 주님은 마치 나의 불행을
더욱 심하게 만들 의도를 품고 계신 것처럼,
내가 세운 멋진 계획들을 모두 방해하고,
나의 보호책을 깨부수어 나를 낮추셨네.

나는 "주님, 어찌 이러십니까? 벌레 같은 저를
죽여 없애실 생각이신지요?"라고 두려워 떨며 부르짖었네.
그러자 주님은 "이것이 내가 은혜와 믿음을 구하는 기도에
응답하는 방식이다. 내가 이런 내적 시련을 통해
너를 자아와 교만으로부터 자유롭게 하고,
세속적인 즐거움을 위한 네 계획을 깨뜨리는 이유는
네가 내 안에서 너의 모든 것을 발견하게 하기 위해서다."라고 대답하셨네.

정직하고, 깊고, 건강한 절망을 통해 그리스도 안에서 참된 성장
을 이룰 수 있는 길을 준비하라.

그리스도께 온전히 안기는 것

그렇다면 성장하기 위해 우리 자신의 능력에 대해 절망을 느꼈
다면, 그다음에는 어떻게 해야 할까? 사는 동안 몇 번이고 거듭해
서 절망을 느끼고, 심지어는 오늘 이 순간에도 우리의 죄성을 깊이
의식하고 있다면, 다음에는 무엇을 해야 할까?

절망의 구덩이에 그대로 머물러 있는 것은 조금도 바람직하지
않다. 절망을 경험하는 것이 필요하지만 거기에만 머물러서는 안
된다. 절망은 고속도로가 아닌 교차로이고, 통로가 아닌 입구다. 절
망에 도달해야 하지만 거기에서 멈춰서는 안 된다.

성경은 절망을 경험할 때마다 예수님과의 교제가 더 깊어지고,
새로워져야 한다고 가르친다. 마치 트램펄린 위에서 뛰는 것처럼,

내려갈 때는 새로운 절망을 느끼고, 올라갈 때는 예수님과 함께 새로운 기쁨을 느껴야 한다. 성경은 이 두 단계의 움직임을 회개와 믿음으로 일컫는다.

회개는 자아로부터 돌아서는 것이고, 믿음은 예수님께로 나아가는 것이다. 하나만 하고, 다른 하나는 하지 않는 것은 있을 수 없다. 예수님께로 나아가지 않는 회개는 참된 회개가 아니고, 자아로부터 돌아서지 않는 믿음은 참된 믿음이 아니다. 만일 그릇된 방향으로 나아가고 있다면, 그 방향에서 돌이켜 곧바로 올바른 방향을 향해 나아가야 한다. 이 두 가지는 동시에 일어난다.

어떤 그리스도인들은 신앙생활이 회개라는 결정적인 행위를 통해 시작된 뒤부터는 믿음으로만 진행된다고 생각하는 듯하다. 그러나 루터가 가르친 대로, 삶 전체가 회개다. 그가 내건 〈95개조 격문〉의 첫 번째 조항은 "'회개하라'(마 4:17)는 우리 주 예수 그리스도의 말씀은 신자들이 일평생 회개하라는 뜻이었다."라고 말한다. 신앙생활은 항상 회개하며 나아가는 생활이다.

그와 마찬가지로, 신자들은 일평생 믿음으로 살아간다. 바울은 "나는 믿음으로 회개했다"가 아니라 "나는 믿음으로 산다"라고 말했다(갈 2:20). 우리는 믿음으로 신앙생활을 시작했고, 또한 믿음으로 나아간다. 그것이 우리의 새로운 존재 방식이다. 우리는 우리의 유한한 삶을 살아가는 동안, 매번 결정을 내리고, 매 순간을 지날 때마다 항상 믿음과 소망 안에서 하나님께로 나아간다. 우리는 믿음으로 행하고, 보는 것으로 행하지 않는다(고후 5:7). 다시 말해, 우리는 위를 바라보며 살아간다. 우리는 항상 위로부터 능력이 임하기를 바라며 살아간다.

회개와 믿음은 한 마디로 그리스도께 온전히 안기는 것을 의미한다. 회개와 믿음은 예수님과 동떨어져 존재하지 않는다. 이 둘은 그리스도와 깊게 연결되어 있다. 이 둘은 '우리의 기여분'이 아니다. 이 둘은 진정한 치유자, 곧 그리스도께로 나아가는 길이다. 잭 밀러는 1983년에 젊은 친구에게 보내는 편지에서 이 점을 매우 적절하게 설명했다.

> 그리스도께로 나아간다는 것은 그분과 동떨어진 회개를 의미하지 않는다. 그것은 곧 그리스도를 소유하는 것을 의미한다. 따라서 회개나 믿음 자체가 아닌 그리스도를 구해야 한다. 그리스도를 소유하면 회개와 믿음이 저절로 이루어진다. 회개의 경험만을 구하지 않도록 주의하고, 오직 그리스도를 경험하려고 힘써야 한다.
>
> 마귀는 매우 간교하다. 마귀는 우리가 예수 그리스도를 생각하지 않고, 단지 회개와 믿음만을 생각할 때는 아무런 신경도 쓰지 않는다…그리스도를 구하라. 사랑스러운 구원자요 주님이신 그리스도와 관계를 맺으라. 그분은 우리가 자기를 알기를 원하신다.[16]

스스로에 대해 절망하며, 실패와 연약함과 부족함으로 야기된 황폐함으로 인해 고통스러울 때는 그것을 기회로 삼아 자신을 정

---

16 In Barbara Miller Juliani, *The Heart of a Servant Leader: Letters from Jack Miller* (Phillipsburg, NJ: P&R, 2004), 244-45.

직하게 바라보라. 그러면 친구, 곧 살아 계시는 주 예수님을 발견할 수 있을 것이다. 우리가 회개를 통해 자아를 버리고 믿음으로 새롭게 예수님을 의지하면, 그분은 선하심과 온유하심으로 우리를 놀라게 하실 것이다.

3

연합

이제 우리는 예수님이 어떤 분이신지를 좀 더 분명하게 알게 되었고, 자기 절망과 회개하는 믿음을 통해 예수님의 품에 몇 번이고 거듭 안겨야 하는 건강한 현실을 깨달았다. 그러나 예수님은 멀리 떨어져 계시지 않은가? 우리는 어떻게 그분께 다가갈 수 있을까? 그분과 우리와의 관계의 본질은 무엇인가?

신약성경은 분명한 대답을 제시한다. 회개와 믿음으로 예수님께 안기는 사람들은 그분과 하나로 연합된다. 칭의나 화해나 양자를 비롯해 성경의 다른 중요한 가르침이 아닌 바로 이것이 그리스도인이 된다는 것이 무슨 의미인지를 보여주는 신약성경의 핵심적인 가르침이다. 신약성경은 우리가 그리스도와 연합했다는 말을 200회이상 언급했다. 이런 사실은 이 문구가 신약성경의 대다수 판본에서 평균적으로 페이지 당 한 번씩 언급되었다는 뜻이다. 한 권의 책에서 페이지마다 동일한 주제가 언급되었다면, 그것이 저자가 전하려는 가장 중요한 요점이라고 생각해야 옳지 않겠는가?

그렇다면 이런 사실은 우리의 영적 성장과 어떤 관계가 있을까? 분명한 관계가 있다. 제레마이어 버러스는 이렇게 말했다. "그리스도로부터 성화가 성도들의 영혼 속으로 샘물처럼 흘러 들어간다. 그들의 성화는 그들의 노력이나 분투나 맹세나 다짐이 아닌 그리스도와의 연합을 통해 이루어진다."[17] 그러나 그리스도와의 연합은 청교도들이 가르친 교리가 아니다. 이 교리는 신자의 성장이라는 문제와 연관된 성경의 가르침이다. 바울은 로마서 6장에서 신자가 은혜의 복음을 통해 그리스도와 연합한 것이 죄를 더 짓게 하기 위한 것이 아니라고 분명하게 말했다.

"그런즉 우리가 무슨 말을 하리요 은혜를 더하게 하려고 죄에 거하겠느냐 그럴 수 없느니라 죄에 대하여 죽은 우리가 어찌 그 가운데 더 살리요 무릇 그리스도 예수와 합하여 세례를 받은 우리는 그의 죽으심과 합하여 세례를 받은 줄을 알지 못하느냐 그러므로 우리가 그의 죽으심과 합하여 세례를 받으므로 그와 함께 장사되었나니 이는 아버지의 영광으로 말미암아 그리스도를 죽은 자 가운데서 살리심과 같이 우리로 또한 새 생명 가운데서 행하게 하려 함이라 만일 우리가 그의 죽으심과 같은 모양으로 연합한 자가 되었으면 또한 그의 부활과 같은 모양으로 연합한 자도 되리라"(롬 6:1-5).

---

17 Ernest F. Kevan, *The Grace of Law: A Study in Puritan Theology* (Grand Rapids, MI: Reformation Heritage, 1997), 236에 인용되어 있음.

본문의 논리는 이렇다. 죄가 많을수록 은혜가 더 많이 필요하다. 하나님의 은혜는 항상 우리의 죄를 능가한다. 그러나 하나님의 은혜는 주고받는 거래라기보다는 그리스도와의 연합을 통해 우리에게 주어지기 때문에 신자는 그 때문에 죄를 더 많이 짓지 않는다. 예수님이 우리의 죄를 위해 죽어 장사되셨을 때 우리도 그분과 함께 우리의 죄에 대해 죽어 장사되었다. 입양된 고아가 새 가족이 사는 집 대문 밖으로 뛰쳐나가 식료품 할인 구매권을 받기 위해 줄을 선다면 어떻게 말하겠는가? "얘야, 너 지금 뭐 하는 거니? 너는 더 이상 고아가 아니란다."라고 말하지 않겠는가? 에베소서와 골로새서와 같은 신약성경의 서신서에서도 그와 비슷한 논리가 발견된다.

이번 장에서는 그리스도와의 연합이 무슨 의미이고, 어떻게 이 교리가 우리의 영적 성장을 돕는지를 살펴볼 생각이다.

내 안에 계시는 하나님

그리스도인들이 영적 성장을 이해하는 방식은 크게 네 가지다.[18] 처음 세 가지는 교회 안에서 흔히 발견되는 것이고, 네 번째는 성경이 제시하는 것이다. 그것들은 다음과 같다.

1) 처음에는 하나님, 그다음에는 나

---

18 어딘지 정확히 기억나지는 않지만, 나는 이 네 가지 분류 방식을 제리 브리지스의 글에서 발견했다.

2) 나는 아니고 하나님만

3) 하나님과 나 둘 다

4) 내 안에 계시는 하나님

첫째, '처음에는 하나님, 그다음에는 나'는 하나님이 먼저 나를 구원하기 위해 모든 것을 하고(나의 눈을 열어주고, 나를 거듭나게 하고, 내게 새 생명을 주고), 삶을 새롭게 시작할 수 있게 해주셨으니, 그다음에는 내가 열심히 그분을 섬김으로써 그분이 해주신 것에 감사하고 있다는 것을 보여주어야 한다는 생각을 가리킨다. 오직 믿음만으로 그리스도인이 되고 그 다음은 노력으로 행해나간다는 것이다. 이것은 결국 성령께서 우리 안에 거하시기 때문에 철저하게 변화된 삶을 살아야 한다는 뜻이다. 이런 생각의 문제점은 신자의 삶 속에 죄가 계속 존재하는 이유를 설명하지 못할 뿐 아니라 신자의 삶 속에서 하나님의 긍휼과 은혜가 계속된다는 성경의 핵심적인 주제를 간과하고 있다는 것이다(이 주제에 대해서는 다음 장에서 좀 더 자세히 살펴볼 생각이다).

둘째, 어떤 사람들은 영적 성장을 '나는 아니고 하나님만'이라는 식으로 이해한다. 이것은 첫 번째 오류와는 정반대다. 이것은 하나님이 나를 구원하셨고, 신앙생활도 그분의 소관이라는 생각, 곧 오직 하나님만이 나를 성장시키실 수 있다는 생각이다. '오직 하나님만'이라는 생각은 인간을 하나님이 역사하시기만을 기다리는 수동적인 존재로 간주한다. 앞의 사고방식은 신자가 자신의 힘으로 이룰 수 있는 것을 지나치게 낙관적으로 생각하는 데 반해 이 두 번째 사고방식은 신자가 그리스도 안에서 할 수 있는 것을 지나치게 비관적으로 생각한다. 바꾸어 말해, 전자는 성화의 문제와 관련해 하나님의 주권을 무시한 채 인간의 책임만을 강조하고, 후자는 인간의 책임을 무시한 채 하나님의 주권만을 강조한다. 그러나 성경은 성화를 하나님의 주권과 인간의 책임이 모두 필요한 일로 간주한다.

셋째, '하나님과 나 둘 다'라는 접근 방식은 위의 두 방식보다 진실에 좀 더 가깝다. 이것은 영적 성장이 협력을 통해 이루어진다는 생각이다. 다시 말해, 하나님이 일부를 하시고, 내가 일부를 한다는 것이다. 하나님과 나는 파트너다. 각자 무엇인가 기여한다. 성장을 이해하는 방식들을 원으로 나타내면 다음과 같다. '처음에는 하나님, 그다음에는 나'는 원을 전부 나로 채우고, '나는 아니고, 하나님만'은 원을 전부 하나님으로 채우며, '하나님과 나 둘 다'는 원의 중앙에 구불구불한 선을 그어 절반은 하나님으로, 절반은 나로 채우는 것을 의미한다.

그러나 가장 올바른 접근 방식은 하나님과 나로 원 전체를 채우는 것이다. 하나님과 내가 서로 겹쳐 있다. 이 네 번째 접근 방식은 '내 안에 계시는 하나님'으로 일컬어진다. 하나님은 나를 구원하기 위해 모든 것을 하시고, 성령으로 나를 자기 아들과 연합시키신다. 조나단 에드워즈는 "우리는 수동적이지만은 않다. 또한, 하나님이 일부를 하시고, 우리가 나머지를 하는 것도 아니다. 하나님이 모든 것을 하시고, 우리도 모든 것을 한다…우리는 전적으로 수동적이면서 전적으로 능동적이다."라는 말로 영적 성장을 통해 성화가 이루어지는 방식을 설명했다.[19] 이 접근 방식은 인간의 책임과 하나님의 주권이 하나가 되어 영적 성장을 이룬다고 말한다.

성경적 증거

성경이 우리의 영적 성장에 관해 어떻게 가르치는지 잠시 생각해 보자. 성경은 하나님이 우리의 영적 성장에 가장 큰 역할을 하신다고 가르치면서도 우리의 노력을 배제하지 않는다.

"그러나 내가 나 된 것은 하나님의 은혜로 된 것이니 내게 주신 그의 은혜가[20] 헛되지 아니하여 내가 모든 사도보다 더 많이 수고하였으나 내가 한 것이 아니요 오직 나와 함께 하신 하나님의 은혜로라"(고전 15:10).

"그러므로 나의 사랑하는 자들아 너희가 나 있을 때뿐 아니라 더욱 지금 나 없을 때에도 항상 복종하여 두렵고 떨림으로 너희 구원을 이루라 너희 안에서 행하시는 이는 하나님이시니 자기의 기쁘신 뜻을 위하여 너희에게 소원을 두고 행하게 하시나니"(빌 2:12, 13).

"이를 위하여 나도 내 속에 능력으로 역사하시는 이의 역사를 따라 힘을 다하여 수고하노라"(골 1:29)

---

19 Jonathan Edwards, "Efficacious Grace," in *The Works of Jonathan Edwards*, vol. 21, *Writings on the Trinity, Grace, and Faith*, ed. Sang Hyun Lee (New Haven, CT: Yale University Press, 2003), 251.

20 이 문구는 '내 안에 있는 그의 은혜'로 번역할 수도 있다.

우리의 영적 성장은 하나님의 은혜로 이루어진다. 우리 자신의 힘으로는 성장을 이룰 수 없다. 하나님이 우리를 성장으로 이끄셔야 한다. 그러나 변화를 일으키는 하나님의 은혜는 우리의 노력을 부추기고, 동력을 부여한다. 그 이유는 우리가 성자이신 예수님 안에 있기 때문이다.

안전하고, 안정된 연합

그렇다면 이것은 어떤 의미일까? 그리스도와 연합했다는 것은 무엇을 의미할까? 솔직히, 이것은 정의하기 어려운 개념이다. 어미의 아기 주머니 '안에' 있는 새끼 캥거루를 상상해 볼 수 있겠지만, 우리는 과연 어떤 의미에서 그리스도 '안에' 있는 것일까?

가장 먼저 주목해야 할 것은 그리스도인으로서 느끼는 순전한 친밀감과 안전감이다. 우리의 영적 성장은 그 무엇도 방해할 수 없는 필연적인 영역에서 이루어진다. 우리는 그리스도와 연합한 상태다. 그분이 부활하신 이상, 우리는 그분과 절대로 분리될 수 없다는 것이 신약성경 서신서의 논리다. 그리스도께서 하늘에서 쫓겨나지 않으시는 한, 우리도 그분에게서 쫓겨나지 않는다. 우리는 그만큼 안전하다.

스코틀랜드 목회자이자 신학자인 제임스 스튜어트(1896-1990)는 그리스도와의 연합이라는 교리의 중요성을 옳게 이해해 명확하게 설명했다.

그리스도께서는 구원받은 사람의 새로운 환경이시다. 구원받은 사람은 자신을 제한하고, 옥죄는 이 땅의 운명에서 벗어나 전혀 다른 영역, 곧 그리스도의 영역으로 들어간 상태다. 그는 새로운 기후와 토양으로 옮겨졌다. 그 토양과 기후는 다름 아닌 그리스도다. 그분의 영이 더 고귀한 성분을 불어넣어 주시고, 그는 더 높은 곳에서 살아간다.[21]

적절한 비유가 될지 모르겠지만, 우리 자신을 양파라고 생각해 보자. 바깥 껍질은 우리의 주위에 있는 주변적인 것들, 곧 의복이나 자동차와 같은 크게 중요하지 않은 것들을 가리킨다. 그 껍질을 벗겨내면 무엇이 나타날까? 그것은 우리가 자라난 가정, 성격 유형, 혈액형, 자원봉사 활동과 같은 좀 더 중요한 것들일 것이다. 그 껍질을 다시 벗겨내면, 가장 친한 친구들, (학생의 경우는) 룸메이트, (기혼자의 경우는) 배우자와 같은 우리의 관계들이 드러날 것이다. 그 껍질을 벗겨내면, 세상에 관한 신념이나 우리의 마음속 깊은 곳에 간직한 진리들(하나님에 관해 우리가 믿는 것, 우리의 최종적인 미래의 운명, 세상 역사의 궁극적인 종말 등)이 드러나고, 그 껍질마저 벗겨내면 다른 사람들이 모르는 것들, 곧 우리의 은밀한 죄와 비밀들이 드러날 것이다.

그렇게 차례로 껍질을 벗겨내면, 우리를 현재의 우리로 만든 모든 것이 드러난다. 그 마지막에는 무엇이 발견될까? 그것은 바로 우리가 그리스도와 연합했다는 사실이다. 그것은 더 이상 벗겨낼

---

21 James S. Stewart, *A Man in Christ: The Vital Elements of St. Paul's Religion* (London: Hodder and Stoughton, 1935), 157.

수 없는 가장 핵심적인 현실이다. 다른 것을 모두 벗겨내면, 우리가 부활하신 주님과 연합했다는 절대불변의 진리가 나타날 것이다.

다를 수 없다. 그리스도와의 연합은 우리가 스스로 만들어낸 것이 아니다. 디모데후서 1장 9절은 "하나님이 우리를 구원하사 거룩하신 소명으로 부르심은 우리의 행위대로 하심이 아니요 오직 자기의 뜻과 영원 전부터 그리스도 예수 안에서 우리에게 주신 은혜대로 하심이라"라고 말씀했다. 우리는 어느 날 아침에 일어나 '그리스도와의 연합 닷컴'이라는 온라인 사이트에 접속하지 않았다. 우리에 관한 가장 확실한 사실은 우리가 그리스도를 알기 전에 이미 그분 안에서 우리의 안전이 보장되었다는 것이다. 오직 영원히 보장된 그리스도와의 연합이라는 안전하고, 편안한 상태에서만 참된 성장이 꽃피울 수 있다.

거시적 차원

그러나 그리스도와의 연합이 무슨 의미인지 여전히 궁금한 생각이 들 것이다. 신약성경은 이 문제에 대답하기 위해 그리스도와의 연합을 크게 두 가지 방식으로 묘사한다.[22] 즉 그리스도와의 연합은 거시적 차원과 미시적 차원, 또는 우주적(연합적) 현실과 개인적(인격

---

22 이 문제를 바울의 서신서를 중심으로 전문적으로 철저하게 다룬 책을 원한다면 다음 자료를 참조하라. Constantine R. Campbell, *Paul and Union with Christ: An Exegetical and Theological Study* (Grand Rapids, MI: Zondervan, 2015), 이 책은 그리스도와의 연합을 묘사한 신약성경의 표현에 담겨 있는 네 가지 의미를 다룬다.

적) 현실로 나누어 묘사되었다.

그리스도와의 연합의 거시적 차원은 그분이 우리의 지도자시라는 것이다. 그분이 가면 우리도 간다. 그분의 운명이 곧 우리의 운명이다. 왜일까? 그 이유는 우리가 그분 안에 있기 때문이다. 이것은 현대인들, 특히 서구 사회에 사는 사람들에게는 약간 이상하게들릴 수 있다. 그러나 성경 시대는 물론이고 동서고금의 역사를 통틀어 가장 인간적인 문화권에서는 지도자와 그의 백성을 그런 식으로 생각하는 것이 자연스럽고, 정상적인 것으로 간주되었다. 이것을 가리키는 공식적인 표현은 '집단적 유대관계'다. 그리스도를 신자들의 '머리(연합적 수장)'로 묘사한 표현도 이와 똑같은 개념을 지닌다. 이것은 한 사람이 많은 사람을 대표한다는 개념이다.

예를 들어 고린도후서 5장 14절은 "한 사람이 모든 사람을 대신하여 죽었은즉 모든 사람이 죽은 것이라"라는 말씀으로 그리스도의 사역이 우리와 어떤 관계를 맺고 있는지를 묘사했다. 그리스도께서 죽으셨고, 그분과 연합한 자들은 그분의 운명을 공유하기 때문에 우리도 죽었다. 로마서 6장의 논리도 이와 똑같다. "우리가 알거니와 우리의 옛 사람이 예수와 함께 십자가에 못 박힌 것은…우리가 그리스도와 함께 죽었으면"(롬 6:6, 8).

따라서 우리가 거시적이고, 우주적이고, 연합적인 방식으로 그리스도 안에 있다는 것은 우리의 운명이 아담이 아닌 그리스도의 운명과 결속되어 있다는 것을 의미한다. 고린도전서 15장 22절은 "아담 안에서 모든 사람이 죽은 것 같이 그리스도 안에서 모든 사람이 삶을 얻으리라"라는 한 문장으로 성경 전체를 요약했다. 그리스도 안에 있는 것과 반대되는 것은 아담 안에 있는 것이다. 전자가 아니면 후자다. 제3의 길은 없다. 모든 인간은 아담 안에 있거나 그리스도 안에 있거나 둘 중 하나다. 그것은 개인을 근본적으로 규정하는 현실이다. 유명한 운동선수든 문화적 아이콘이든 팬들이 신처럼 떠받드는 사람이든, 모든 개인의 가장 참된 현실은 아담 안에 있느냐, 그리스도 안에 있느냐 하는 것이다.

이 문제에 관한 신약성경의 가르침은 너무나도 놀랍고, 우리의 성장을 강하게 자극한다. 우리가 아담의 운명에서 벗어나 그리스도의 운명을 공유하게 되었다는 것은 단지 한 사람의 개인으로부터 또 다른 한 사람의 개인으로 변화한 것이 아니라 하나의 시대에서 또 다른 시대로 옮겨졌다는 것을 의미한다. 그리스도께서 죽은 자 가운데서 부활하셨을 때 구약 시대의 성도들이 그토록 오랫동안 기다려온 새로운 시대가 인류의 역사 속에서 조용히 시작되었다. 우리의 새로운 머리이신 그리스도와 연합했다는 것은 그런 새로운 영역에 들어섰다는 것을 의미한다. 그리스도인들은 하나님의 은혜로 인해 선지자들이 예언했던 새로운 질서 속으로 들어갔다. 새 창조가 이미 시작되었다. 이런 현실이 실감 나지 않을 때가 많은 이유는 타락한 옛 시대가 새로 시작된 시대와 나란히 계속 진행되고 있기 때문이다. 우리는 여전히 타락한 죄인들이다. 그러나 우리의 기본적인 정체성, 우리의 근본적인 영역은 새 시대에 속해 있다. 그 이유는 우리가 그리스도 안에 있기 때문이다. 그리스도께서는 죽음을 뚫고 나아가 새 창조를 이루셨다. 그분 안에 있다는 것은 곧 그분이 우리를 자기가 나아간 곳으로 이끄셨다는 뜻이다. 고린도후서 5장

17절은 "그런즉 누구든지 그리스도 안에 있으면 새로운 피조물이라"라고 선언했다. 이 구절의 헬라어 본문에는 동사가 전혀 사용되지 않았다. 바울의 말은 그리스도 안에 있으면 새로운 에덴, 곧 그리스도께서 무덤에서 걸어 나오시는 순간에 조용히 이루어진 새 창조의 영역에 들어선 것이라는 의미를 담고 있다.

우리의 삶이 하찮고, 엉망진창으로 보일 때는 우리 자신이 누구이고, 또 우리가 누구에게 속했는지를 생각해 보기 바란다. 그리스도의 부활은 우리의 육체도 언젠가 부활할 것이라는 확실한 보증이다. 우리는 영적으로는 이미 부활한 상태다(엡 2:6, 골 2:12, 3:1). 죄를 짓는 것은 우리의 새로운 신분에 어울리지 않는다. 그것은 새로운 가정에 입양되었고, 부엌에 자유롭게 먹을 수 있는 음식이 가득한데도 집에서 뛰쳐나와 빵을 구걸하는 고아처럼 행동하는 것과 같다. 우리가 영광을 누릴 운명이라는 것을 잊지 말라.

미시적 차원

그리스도와의 연합의 미시적 차원, 곧 더 가깝고 친밀한 현실이 아울러 존재한다. 성경의 저자들은 이따금 우리의 연합을 그런 식으로 묘사한다. 이것을 표현하는 방법을 정확히 알기는 어렵다. 성경이 비유를 사용해 이 현실을 묘사하는 이유는 그것을 정의하는 것보다 빗대어 말하는 것이 더 낫기 때문이다. 포도나무와 가지, 머리와 다른 지체들, 신랑과 신부와 같은 비유들이 사용되었다. 모두 다 친밀하고, 유기적인 연합, 속성의 공유, 일체성을 나타낸다. 포도

나무는 가지에 생명을 공급하고. 머리는 지체들을 이끌고 보호하며, 남편은 아내를 자신의 몸처럼 양육하고 보호한다(엡 5:28-29).

특히 한 곳의 성경 본문이 우리의 관심을 사로잡는다. 바울은 고린도전서 6장에서 성적 순결을 독려하면서 그리스도와 우리의 연합에 관해 이렇게 말했다.

"몸은 음란을 위하여 있지 않고 오직 주를 위하여 있으며 주는 몸을 위하여 계시느니라 하나님이 주를 다시 살리셨고 또한 그의 권능으로 우리를 다시 살리시리라 너희 몸이 그리스도의 지체인 줄을 알지 못하느냐 내가 그리스도의 지체를 가지고 창녀의 지체를 만들겠느냐 결코 그럴 수 없느니라 창녀와 합하는 자는 그와 한 몸인 줄을 알지 못하느냐 일렀으되 둘이 한 육체가 된다 하셨나니 주와 합하는 자는 한 영이니라 음행을 피하라"(고전 6:13-18).

여기에서 '주'는 예수님을 가리키고, '지체'는 신자들의 몸을 가리킨다. 바울이 말하려는 논리를 이해하겠는가? 그의 말은 우리가 그리스도와 한 몸이 되었기 때문에 창녀와 합하는 것은 곧 그리스도를 창녀와 합하게 만드는 것이라는 뜻이다. 나는 조심스럽게 경외심을 가지고 말하지만, 본문이 주장하고 있는 바를 당신에게 반드시 물어봐야 하겠다. "너희는 예수님이 음행을 저지르시게 할 것인가?" 우리가 성적으로 부도덕한 행위를 하는 것은 어떤 의미에서는 그리스도께서 그런 행위를 하시게 하는 것과 같다. 그 이유는 우리가 그리스도와 연합한 상태이기 때문이다. 물론, 우리가 실제로 부활하신 그리스도를 부추겨 그런 죄를 짓게 만들 수 있다는 뜻은 결코 아니다. 나는 단지 "그리스도의 지체를 가지고 창녀의 지체를 만들겠느냐"라는 본문의 질문을 설명했을 뿐이다. 바울이 그렇게 말할 정도로 주 예수님과 우리는 유기적으로 강력하게 연합되어 있다.

복음이 말하는 구원은 강단 앞으로 걸어나가거나 기도를 드리거나 손을 들거나 전도 집회에 나가는 것보다 훨씬 더 깊고, 놀라운 차원을 지닌다. 구원은 살아 계시는 그리스도와의 연합을 의미한다. 스쿠걸이 말한 대로, 구원은 "하나님과 영혼의 연합, 곧 신적 본성에 참여하는 것"이다.[23]

이런 말을 들으면 "모든 그리스도인이 똑같이 그리스도와 연합한다면 우리의 개인적 특성은 어떻게 되는 것일까? 우리의 개인적인 인격적 특성을 잃고 점점 서로를 닮아가는 것일까?"라는 의문이 생겨날 수도 있다. 어떤 차원에서는 '그렇다'라고 대답할 수 있다. 우리는 모두 그리스도를 더 많이 닮아가면서 서로를 더욱 닮게 될 것이다. 우리는 모두 사랑, 희락, 화평, 인내, 자비, 양선, 충성, 온유, 절제를 더 많이 나타내게 될 것이다(갈 5:22-23).

그러나 우리의 개인적인 인격적 특성이라는 관점에서 바라본 기독교적 구원의 영광스러움은 예수님과 연합한 덕분에 우리의 참된 자아를 되찾게 되었다는 사실에 있다. 우리는 마침내 창조된 본래

---

23 Henry Scougal, *The Life of God in the Soul of Man* (Fearn, Ross-shire, Scotland: Christian Focus, 1996), 41-42.

의 참모습을 회복했다. C. S. 루이스는 탁월한 비유를 사용해 이 점을 명확하게 밝혔다.[24] 항상 어둠 속에서만 살던 한 무리의 사람들이 전등불을 켜면 서로를 볼 수 있을 것이라는 말을 들었다면 전등불 하나가 모두에게 똑같은 빛을 비출 것이기 때문에 서로의 모습이 다 똑같아 보일 것이라고 생각할지도 모르지만, 그 불빛은 오히려 개인의 독특한 모습을 분명하게 드러낼 것이다. 한 분이신 그리스도와의 연합도 그와 같을 것이다. 우리 자신의 참된 자아를 되찾게 될 것이고, 우리의 본래 모습으로 돌아갈 것이며, 본래의 운명을 회복하게 될 것이다. 또한, 그리스도 밖에 있을 때의 우리의 모습이 우리의 참모습이 아닌 그림자였다는 것을 깨닫게 될 것이다. 그리스도 밖에 있을 때, 곧 죄와 수치와 두려움과 어둠에 휩싸여 있을 때의 우리의 인격적 특징과 인간적인 개성과 자아가 2차원적이라면, 그리스도 안에서 있으면서 자유롭게 성장해 나가는 지금의 우리는 3차원적이라고 말할 수 있다. 다시 말해, 우리는 오직 그리스도와의 연합을 통해서만 하나님이 본래 원하셨던 모습으로 성장할 수 있다.

구원의 축복을 모두 포괄하는 교리

그렇다면 그리스도와의 연합이라는 교리는 칭의나 양자와 같은 다른 영광스러운 구원 교리들과 어떤 관계가 있을까? 한 마디로,

---

24 C. S. Lewis, *Mere Christianity* (1952; repr., New York: Touchstone, 1996), 189.

그리스도와의 연합은 구원의 축복을 모두 포괄하는 교리다. 그리스도와 연합하면, 구원의 축복을 모두 누릴 수 있다. 존 칼빈은《기독교 강요》에서 "그리스도께서 우리 밖에 계시고, 우리가 그분과 분리되어 있으면 그분이 인류의 구원을 위해 고난을 감수하며 이루신 모든 것이 무익하게 된다."라는 말로 구원에 관한 논의를 시작했다.[25]

아래에 구원의 축복을 하나씩 열거하고 나서 그것을 언급한 성경 본문 두 곳을 제시하고, 그 축복과 반대되는 것을 괄호 안에 명기해 두었으니(우리는 구원의 축복과 반대되는 것으로부터 구원받는다), 신약성경이 그리스도 안에서 우리가 누리는 구원을 얼마다 다양한 방식으로 묘사하고 있는지 한번 생각해 보기 바란다.

* 칭의—법정 용어(롬 5:1, 딛 3:7) (더 이상 정죄받지 않음)

* 성화—제의적 용어(고전 1:2, 살전 4:3) (더 이상 불결하지 않음)

* 양자—가족 용어(롬 8:15, 요일 3:1, 2) (더 이상 고아가 아님)

* 화해—관계적 용어(롬 5:1-11, 고후 5:18-20) (더 이상 소원하지 않음)

* 씻음—육체적 세정의 용어(고전 6:11, 딛 3:5) (더 이상 더럽지 않음)

* 구속(救贖)—노예 시장 용어(엡 1:7, 계 14:3, 4) (더 이상 노예가 아님)

* 값을 치름—경제 용어(고전 6:20, 벧후 2:1) (더 이상 빚지지 않음)

* 해방—수감 용어(갈 5:1, 계 1:5) (더 이상 속박되지 않음)

---

25 John Calvin, *Institutes of the Christian Religion,* ed. John T. McNeill, trans. Ford Lewis Battles (Louisville: Westminster John Knox, 1960), 3.1.1.

* 새 탄생—출산 용어(요 3:3-7, 벧전 1:3, 23) (더 이상 비존재하지 않음)

* 빛—조명 용어(요 12:35, 36, 고후 4:4-6) (더 이상 어둡지 않음)

* 부활—육체적 용어(엡 2:6, 골 3:1) (더 이상 죽어 있지 않음)

유기적이고 공간적인 용어에 해당하는 그리스도와의 연합은 이 모든 것을 아우른다. 그리스도 안에 있으면 이 모든 축복을 누린다. 이것이 바울이 우리가 하나님의 구원 사역으로 인해 "하나님으로부터 나서 그리스도 예수 안에 있고 예수는 하나님으로부터 나와서 우리에게 지혜와 의로움과 거룩함과 구원함이 되셨으니"(고전 1:30)라고 말한 이유다.[26] 간단히 말해, 그리스도께서는 모든 축복을 베푸는, 무한히 강하고 완전하신 구원자이시다. 우리는 단지 그분 안으로 들어가기만 하면 된다. 회개하고, 믿고, 복종하면 그렇게 되고, 그 상태는 다시 번복되지 않는다.[27]

더 깊이 들어가라

지금까지 그리스도와의 연합에 관한 성경의 가르침을 명확하게

---

26 복음주의권에서 다른 모든 구원의 현실보다 더 강조하는 칭의조차도 오직 그리스도 안에서 일어난다. "하나님이 죄를 알지도 못하신 자를 죄로 삼으신 것은 우리로 하여금 그 안에서 하나님의 의가 되게 하려 하심이라"(고후 5:21). 다른 곳에서 바울은 "그리스도를 얻고 그 안에서 발견되려 함이니 내가 가진 의는 율법에서 난 것이 아니요"(빌 3:8-9)라고 말한다. 두 본문에서 "의"라는 단어는 칭의에 대해 말하는 데 사용된 동일한 어근이다.

27 독일의 신약 학자 아돌프 다이스만은 독창적인 연구를 통해 하나님을 경배하는 신자가 그분과 연합하는 것이 신약성경 기독교의 가장 독특한 특징이라는 것을 분명하게 보여주었다. (Deissmann, *Die neutestamentliche Formel "in Christo Jesu"* [Marburg: Elwert, 1892])

밝히려고 노력했다. 성경의 가르침을 명확하게 이해하려고 노력하는 이유는 하나님과 우리의 실제 모습을 재확인함으로써 큰 위로와 기쁨을 얻기 위해서다.

이제 그리스도와의 연합을 다룬 이번 장을 서서히 마무리하기 전에 우리의 생각과 마음이 이 진리의 현실 속으로 깊숙이 들어가도록 힘쓰자고 당부하고 싶다. 영적 성장이 무엇인가를 더하는 과정이 아닌 깊어지는 과정이라는 것이 이 책의 요점이다. 만일 우리가 그리스도 안에 있다면 이미 성장에 필요한 모든 것을 갖춘 셈이다. 우리는 그리스도와 연합한 상태다. 성령을 통해 우리는 그분 안에 있고, 그분은 우리 안에 계신다. 그분은 우리의 머리이자 친밀한 동반자이시다. 따라서 우리는 실패할 수 없다. 우리는 무한히 풍성하다. 그 이유는 우주의 상속자이신 그리스도께서 무한히 풍성하시고, 우리가 그런 그분과 하나이기 때문이다. 조나단 에드워즈는 그리스도와의 연합에 관해 이렇게 말했다.

신자는 그리스도와 연합한 덕분에 만유를 소유한다. 그렇다면 신자는 어떻게 모든 것을 소유할까? 그것 때문에 그가 더 나은 이유는 무엇일까? 참된 신자가 다른 사람들보다 훨씬 더 부유한 이유는 무엇일까?

이 질문에 답하려면 '만유를 소유한다는 것'이 무슨 의미인지를 알아야 한다. 그것은 한 분 안에 삼위로 계시는 하나님, 그분의 모든 것, 그분이 가지고 계시는 모든 것, 그분이 하시는 모든 것, 그분이 만드셨거나 행하신 모든 것, 곧 온 우주, 육체와 영, 땅과 하늘, 천사들, 인간과 귀신들, 태양과 달과 별들, 땅과 바다, 물고기와 날짐승들, 모든 은과 금, 왕과 권력자들이 신자의 주머니 안에 들어 있는 돈, 그가 입는 옷, 그가 거하는 집, 그가 먹는 음식과 마찬가지로 모두 그의 것이라는 뜻이다. 그가 그리스도와 연합한 덕분에 그 모든 것이 그를 유익하게 하는 정당한 소유가 되었다. 모든 것을 소유하신 그리스도께서 온전히 신자의 것이기 때문에 그는 모든 것을 소유한다. 그는 아내가 가장 훌륭한 남편의 몫을 소유하는 것보다 더 많이 소유하고, 손이 머리가 하는 것을 누리는 것보다 더 많이 누릴 것이다. 모든 것이 그의 것이다.

그리스도께서는 우주의 모든 원자, 공기 중에 있는 모든 분자, 태양이 뿜어내는 모든 빛줄기를 신자를 가장 유익하게 하는 방식으로 다스리신다. 신자가 저세상에 가서 그런 사실을 알게 되면 큰 놀라움과 기쁨으로 이 모든 엄청난 기업을 마음껏 누리게 될 것이다.[28]

우리 모두에게 이것이 사실인 이유는 무엇일까? 에드워즈는 우리가 그리스도와 연합했기 때문이라고 대답했다.

이 진리 속에 깊이 잠기라. 이 진리에 흠뻑 젖으라. 하나님의 아들을 위해 만물이 창조되었다(골 1:16). 그분은 능력의 말씀으로 만물을 붙드신다(히 1:3). 그분의 끊임없는 보살핌과 인도하심이 없으면 만물은 산산이 흩어지고 만다(골 1:17). 우리는 그런 주님과 연합했

---

28 Jonathan Edwards, "Miscellany ff," in The Works of Jonathan Edwards, vol. 13, *The "Miscellanies," a–500*, ed. Thomas A. Schafer (New Haven, CT: Yale University Press, 1994), 183; language slightly updated.

다. 우리 자신의 행위가 아닌 순전하고, 강력한 하나님의 은혜로 우리는 가장 강력하고, 가장 온유하신 우주의 통치자와 하나가 되었다.

따라서, 그 무엇도 그분을 건드릴 수 없는 것처럼, 그 무엇도 우리를 건드릴 수 없다. 어떤 고통이나 공격이나 절망이라도 우리에게 다가오려면 먼저 그분을 통과해야 한다. 막강한 사랑이 우리를 보호한다. 우리의 삶에 닥치는 것은 제아무리 힘든 것이더라도 죄인들의 친구이신 주님의 온유하신 보살핌을 통해 주어진다. 우리는 주님과 하나이기 때문에 그분은 우리의 고뇌를 우리보다 훨씬 더 깊이 느끼신다. 뚫을 수 없는 투명한 벽이 우리를 둘러싸고 있다고 상상해 보라. 우리는 난공불락의 영역 안에 있다. 그러나 우리를 에워싼 것은 벽이 아니다. 그것은 인격체다. 요한이 "그의 눈은 불꽃 같고…그의 음성은 많은 물소리와 같으며"라고 묘사하며 더는 형용할 말이 없어 그저 그 앞에 납작 엎드릴 수밖에 없었던 분이 우리와 하나가 되셨다(계 1:14-15). 은하계를 창조한 하늘의 권능을 지니신 분이 우리와 연합하셨다.

우리가 겪는 인생의 온갖 풍파, 곧 죄와 고난, 실패와 좌절, 방종과 방황의 와중에서도 그분은 우리를 곧장 하늘나라로 인도하실 것이다. 그분은 단지 우리 곁에 계시지 않는다. 그분은 우리 안에 계시고, 우리는 그분 안에 있다. 그분의 운명이 곧 우리의 운명이다. 거시적 차원과 미시적 차원에서 이루어지는 그분과의 연합은 우리의 궁극적인 영광과 안식과 평안을 보장한다. 주님과의 연합이 우리의 최종적인 미래를 보장한다는 것은 중력의 실재보다 더 확실하다.

우리의 삶 속에 남아 있는 어둠, 영적 무기력 상태, 습관적인 죄, 사라지지 않는 분노, 가장 깊은 패배감을 생각해 보라. 우리의 죄가 크게 다가온다. 도저히 극복할 수 없을 것처럼 보인다. 그러나 그리스도와 우리의 연합은 그보다 훨씬 더 크다. 그리스도와 우리의 연합은 우리의 삶에 미치는 죄의 영향력보다 훨씬 더 큰 영향력을 발휘한다. 실패의 상처가 아무리 깊어도 그리스도와 우리의 연합은 그보다 더 깊고, 우리의 죄가 아무리 강해도 그리스도와의 연합은 그보다 더 강하다. 남은 생애 동안 하늘의 왕이신 주님과의 연합을 생각하며 살아가자. 우리의 죄와 실패가 우리를 그리스도 밖으로 쫓아낼 수 없다는 것을 알고 안심하자. 주님과 연합했다는 것을 깊이 의식할수록 죄에 대한 저항력이 더 강해진다. 우리가 죄와 싸워 이길 수 있는 힘을 얻게 된 이유는 예수님을 죽은 자 가운데서 살린 능력이 우리 안에서 살아 움직이고 있기 때문이다. 곧 예수 그리스도께서 우리 안에 거하시기 때문이다. 우리는 두 번 다시 정죄당하지 않는다. "그러므로 이제 그리스도 예수 안에 있는 자에게는 결코 정죄함이 없나니"(롬 8:1).

예수님과 연합한 사실을 통해 힘을 얻으라. 우리는 더 이상 혼자가 아니다. 우리는 더 이상 소외된 상태가 아니다. 죄를 짓더라도 포기하지 말라. 그리스도께서 우리를 일으켜 세워 다시금 두 발로 꿋꿋하게 서게 하실 것이다. 그분은 우리의 고개를 쳐들고, 우리의 눈을 바라보며 "너희가 내 안에, 내가 너희 안에"(요 14:20)라는 말씀으로 우리가 어떤 존재인지를 일깨워주신다.

4

포옹

처음 세 장은 예수 그리스도의 충만하심(1장), 우리의 공허함(2장), 우리와 그분과의 연합(3장)에 대해 말하면서 기초를 놓는 데 주로 초점을 맞추었다. 이제부터는 신자를 변화시키는 실질적인 원동력이 무엇인지 살펴보기로 하자. 먼저 하나님의 사랑으로 시작한다.

그러나 나의 첫 번째 목표는 하나님이 우리를 사랑하신다는 확신을 심어주는 것에 있지 않다. 우리는 이미 그 사실을 알고 있다. 그 사실을 모르면 그리스도인이 될 수 없다. 나의 첫 번째 목표는 하나님의 사랑이 지금 우리가 생각하는 것보다 얼마나 더 큰지를 일깨워주는 것이다. 욥은 욥기의 마지막 부분에서 이렇게 말했다.

"내가 주께 대하여 귀로 듣기만 하였사오나 이제는 눈으로 주를 뵈옵나이다"(42:5).

신앙생활이 성장하려면 위와 같은 경험이 꼭 필요하다. 성장이 멈추거나 제자직을 수행하는 일이 이따금 흔들리거나 전반적으로 순조롭지 않다면 욥이 경험한 것이 필요하다. 그런 경우는 하나님의 사랑에 대해 듣기만 한 상태라고 말할 수 있다. 그것을 보는 것이 필요하다. 일평생 살면서 그것을 더욱 깊이, 또 더욱 넓게 볼 수 있어야 한다. 하나님의 사랑은 듣기만 해서는 안 되고 봐야 하고, 알기만 해서는 안 되고 맛보아야 한다.

하나님의 사랑이란 무엇일까? 이 질문은 "하나님은 어떤 분이신가?"라고 묻는 것과 똑같다. 성경은 "하나님은 사랑하신다"라고만 말하지 않고, "하나님은 사랑이시다"라고 말씀한다(요일 4:8, 16). 성경의 하나님께 사랑은 여러 가지 활동 가운데 하나가 아니다. 사랑은 그분이 어떤 분이신지를 가장 분명하게 보여준다. 궁극적인 현실은 냉랭하고, 공허하고, 무한한 공간이 아니다. 궁극적인 현실은 다함이 없는 무한한 사랑이 영원히 샘솟는 원천이다. 그 사랑은 너무나도 위대하고, 자유로워 성부와 성자와 성령의 지극한 기쁨 속에만 갇혀 있지 않고, 거기에서 풍성하게 흘러나와 인간을 창조하고, 끌어안는다. 하나님은 우리를 사랑하기 위해 우리를 창조하셨다. 그분의 포옹이 우리의 삶의 목적이다. 아마도 전혀 실감이 나지 않을지도 모른다. 그러나 그런 감정조차도 하나님은 다 알고 계신다. 하나님은 우리가 어쩔 줄 몰라 하거나 자격이 없다고 생각할 때도 자신의 사랑이 우리를 위한 것이라는 사실을 알기를 바라신다.

내가 이번 장에서 말하려는 요점은 하나님의 사랑이 한번 보고서 믿고 난 다음에 그리스도 안에서의 성장을 위한 다른 전략이나 진리로 넘어갈 수 있는 주제가 아니라는 것이다. 우리는 일평생 하나님의 사랑을 의지하며 살아야 하고, 그 무한한 사랑의 바다 속으로 점점 더 깊이 들어가야 한다. 하나님의 사랑을 느끼고, 그 안으로 깊이 들어가야만 성장이 이루어진다. 하나님의 사랑을 누리지 못하면 그리스도 안에서 성장할 수 없다. 우리를 자신의 품속에 안아주시는 하나님의 사랑은 부드럽고, 강력할 뿐 아니라 결코 취소되지 않는다.

에베소서 3장만큼 우리와 같은 엉망진창인 죄인들을 하나님의 무한한 사랑 속으로 더 깊이 인도하는 성경 말씀은 없다. 에베소서 3장은 우주에서 가장 안정된 현실(하나님과 그리스도의 사랑) 속으로 우리를 잡아 이끄는 강하고, 부드러운 친구와도 같다.

지식에 넘치는 그리스도의 사랑

바울은 우리와는 달리 열정 없는 기도를 드리지 않았다. 그는 항상 하나님의 위대하심에 걸맞은 기도를 드렸다. 그는 성경의 가장 핵심적인 본문 가운데 한 곳에서 하나님께 이렇게 기도했다.

"그의 영광의 풍성함을 따라 그의 성령으로 말미암아 너희 속사람을 능력으로 강건하게 하시오며 믿음으로 말미암아 그리스도께서 너희 마음에 계시게 하시옵고 너희가 사랑 가운데서 뿌리가 박히고 터가 굳어져서 능히 모든 성도와 함께 지식에 넘치는 그리스도의 사랑을 알고 그 너비와 길이와 높이와 깊이가 어떠함을 깨달아 하나님의 모든 충만하신 것으로 너희에게 충만하게 하시기를 구하노라"(엡 3:16-19).

바울이 구한 것은 정확히 무엇일까? 그는 에베소 신자들이 더욱 열심히 복종하게 해달라거나 그들이 열매를 더 많이 맺게 해달라거나 거짓 가르침이 근절되게 해달라거나 교리를 더 깊이 깨우치게 해달라거나 복음이 널리 전파될 수 있게 해달라고 기도하지 않았다. 그는 에베소 신자들에게 초자연적인 능력, 곧 기적을 행하거나 물 위를 걷거나 이웃들을 회심시키는 능력이 아닌 오직 하나님만이 주실 수 있는 능력, 곧 예수님이 자신들을 얼마나 많이 사랑하시는지를 아는 능력을 허락해 달라고 기도했다. 그는 그리스도의 사랑을 그저 소유하기 위해 기도한 것이 아니고 그것을 알게 해달라고 기도했다.

오늘 이 책을 읽는 나의 영혼은 어떤 상태인가? 자신의 내면과 그리스도를 생각해 보라. 그리스도의 사랑을 아는가? 바울이 교회를 향해 에베소서를 썼다는 사실을 기억하라. 그는 신자들, 곧 이미 회심을 통해 예수님의 사랑을 받아들인 사람들을 위해 그것을 썼다. 그러나 그는 그들이 그리스도의 사랑을 알게 해달라고 기도했다. 그들은 그리스도의 사랑을 어느 정도 알고 있었을 것이 틀림없다. 19절을 문자대로 옮기면 '지식을 능가하는 그리스도의 사랑을 알고'라는 뜻이다. 바울은 그들이 알 수 없는 것을 알게 해달라고 기도한 셈이다. 성경에서 안다는 것은 인식적인 의미는 물론, 관계적 의미를 내포한다. 심지어는 성적 친밀함도 남자가 아내를 '안다'라는 식으로 표현되었다. 조나단 에드워즈가 말한 대로, 우리는 두 가지 방식으로 꿀을 '알 수 있다.' 하나는 꿀의 정확한 화학적 성분을 아는 것이고, 다른 하나는 그것을 맛보는 것이다. 우리는 이 두

가지 방식으로 꿀을 알 수 있다. 후자는 꿀을 직접 경험함으로써 아는 지식이다.[29]

바울은 에베소서 3장에서 신자들이 그리스도의 사랑을 맛보아 알게 해달라고, 그것을 한껏 들이킴으로써 알게 해달라고 기도했다. 욥이 하나님을 보게 되었다고 말한 것처럼, 바울은 그리스도의 사랑에 대한 이해가 듣는 데서 보는 데로 나아가게 해달라고 기도했다. 그것은 우편엽서에 인쇄된 하와이 해변을 보는 것과 그곳에 직접 가서 눈을 가늘게 뜨고 깜박거리면서 따뜻한 햇볕을 쬐는 것의 차이와 같다.

흔들리지 않는 애정

그렇다면 그리스도의 사랑은 어떤 것일까?

친절함일까? 그렇지 않다. 그리스도께서는 채찍을 만들어 환전상들을 성전에서 내쫓고, 그들의 탁자를 뒤집어엎으셨다.

사람들을 심판하지 않는 것일까? 그렇지 않다. 성경은 그리스도의 심판을 그분의 입에서 나온 좌우에 날 선 검에 비유했다(계 1:16, 2:12).

그리스도의 사랑이란 죄인들과 고난받는 자들을 향한 그분의 흔

---

29 Jonathan Edwards, "A Divine and Supernatural Light," in *The Works of Jonathan Edwards*, vol. 17, *Sermons and Discourses, 1730–1733*, ed. Mark Valeri (New Haven, CT: Yale University Press, 1999), 414.

들리지 않는 애정(affection)의 마음을 가리킨다. 예수님이 사랑하실 때 그분의 진정한 실체가 드러난다. 그분은 자신의 가장 깊은 내면의 본성에 충실하시다. 그분은 사랑하려고 애쓸 필요가 없으시다. 그분은 가득 넘치는 사랑의 강물이시기 때문에 주저하며 조심스레 구하더라도 즉시 콸콸 쏟아져 나온다. 사랑은 예수님의 가장 깊고, 가장 자연스러운 속성이다. 청교도 존 번연은 그리스도의 사랑에 관해 "사랑은 그리스도의 본질적인 속성이다. 하나님은 사랑이시고, 그리스도께서는 하나님이시다. 따라서 그리스도께서는 사랑이시다. 그분은 자연스럽게 사랑하신다. 사랑하지 않으면 그분의 존재도 사라진다."라고 말했다.[30]

에베소서 3장 본문에 적힌 내용에 주목하라. 바울은 신자들이 "그 너비와 길이와 높이와 깊이가 어떠함을" 깨닫게 해달라고 기도했다(18절). 무엇의 너비와 길이와 높이와 깊이일까? 이 문구만으로는 그것이 분명하게 드러나지 않는다. 그러나 바울은 그렇게 말하면서 곧바로 "그리스도의 사랑을 알아"라고 덧붙였다. "깨달아"와 "알고"가 병행되었다.

* "그 너비와 길이와 높이와 깊이가 어떠함을 깨달아"(18절)
* "지식에 넘치는 그리스도의 사랑을 알고"(19절)

---

30 John Bunyan, *The Saints' Knowledge of the Love of Christ*, in *The Works of John Bunyan*, ed. George Offer, 3 vols. (repr., Edinburgh: Banner of Truth, 1991), 2:17; emphasis original.

이 두 문구를 비교해 보면, 그리스도의 사랑의 너비와 길이와 높이와 깊이가 무한히 광대하다는 것을 알 수 있다. 이런 사실이 놀라운 이유는 이것 외에 우주에서 무한히 광대한 또 다른 현실이 있다면 오직 하나님 한 분밖에 없기 때문이다.

바울은 그리스도의 사랑이 하나님 자신만큼이나 광대하다고 말한 셈이다. 우리는 항상 그 사랑을 과소평가하는 경향이 있다. 조나단 에드워즈는 "사랑은 하나님의 본질이기 때문에 그분은 해안이나 바닥이나 표면이 없는 무한한 사랑의 대양이시다."라고 설교해다.[31] 그리스도의 사랑에 비하면 인간의 모든 낭만적 사랑은 가장 희미한 속삭임에 불과하다.

충만한 것으로 충만해진다

그리스도의 사랑은 우리에게 생생한 현실이기 때문에 성경에 따르면 우리는 "하나님의 모든 충만하신 것으로 충만"해진다(엡 3:19). 골로새서 2장 9, 10절은 "그 안에는 신성의 모든 충만이 육체로 거하시고 너희도 그 안에서 충만하여졌으니"라고 말씀한다. 내가 볼 때, 이것은 성경에서 가장 놀라운 말씀이 아닐 수 없다.

우리 같이 연약하고, 불안정하고, 불순한 동기를 지닌 죄인들이

---

31 Jonathan Edwards, "The Terms of Prayer," in *The Works of Jonathan Edwards*, vol. 19, *Sermons and Discourses, 1734-1738*, ed. M. X. Lesser (New Haven, CT: Yale University Press, 2001), 780.

어떻게 하나님의 모든 충만하신 것으로 충만해질 수 있는 것일까? 어떻게 진흙이 토기장이의 충만함으로, 식물이 정원사의 충만함으로, 집이 건축자의 충만함으로 가득 채워질 수 있는 것일까? 참으로 하나님의 겸손하심이 너무나도 경이로워 숨이 멎을 듯하고, 우리가 그렇게 존귀한 존재가 되다니 그저 놀라울 뿐이다.

하나님은 다른 일을 했으면 좋겠다고 생각하면서 억지로 그런 일을 하시는 것이 아니다. 타락한 인간을 자신의 충만함으로 채우는 것은 하나님이 기뻐서 하시는 일이다. 비유적으로 말하면, 이 일은 하나님이 아침에 잠자리에서 일어나자마자 가장 먼저 하시려는 일이다.

하나님은 어떻게 이 일을 하실까? 그분이 우리를 자신의 충만함으로 채우기 위해 사용하시는 수단은 무엇일까? 에베소서 본문은 "지식에 넘치는 그리스도의 사랑을 알고…하나님의 모든 충만하신 것으로 너희에게 충만하게 하시기를 구하노라"라고 말씀한다. 즉 그리스도의 사랑을 아는 것이 수단이고, 하나님의 충만함으로 충만하게 하는 것이 목적이다.

그리스도의 사랑을 경험할 때, 우리는 하나님의 풍성함과 충만함과 기쁨과 활력으로 충만해진다. 하나님의 충만함을 얻으려고 애쓸 필요가 없다. 그냥 받으면 된다. 이것이 신앙생활의 경이로움이다. 영적 생활을 유지하기 위해 공로를 세우려고 노력할 필요가 없다. 손만 벌리는 것으로 족하다. 물론, 신앙생활에는 노력과 수고가 뒤따르기 마련이다. 그렇지 않다고 가르치는 사람은 거짓 교사다. 그러나 주먹을 꽉 쥐고, 눈을 꼭 감은 채 우리 자신의 도덕적인 노력에만 관심을 집중하면 하나님이 주시는 것을 받을 수 없다. 하나님의 사랑을 받으려면 손을 활짝 펴고, 눈을 떠서 하늘을 바라봐야 한다.

그리스도의 확정된 마음과 우리의 확정된 마음

하나님이 우리를 사랑하신다는 사실을 마음속 깊이 새기지 않으면 그리스도 안에서 성장할 수 없다. 이것이 이번 장에서 말하려는 요점이다. 하나님은 우리를 자신의 가장 깊은 마음속으로 이끌어들이셨다. 자기 백성을 향한 그분의 애정은 결코 차갑게 식거나 약해지거나 줄어들지 않는다. 그분의 마음은 미지근하지 않다. 당신을 가장 움츠러들게 만드는 당신의 결함을 보면 하나님은 당신을 더욱 강하게 안아주길 기뻐하신다. 우리가 가장 큰 후회와 수치를 느낄 때, 그리스도께서는 우리를 가장 깊이 사랑하신다. 청교도 토머스 굿윈은 "그리스도께서는 사랑의 화신이시다."라고 말했다.[32] 그것이 그분의 본성이다.

하나님의 사랑은 우리의 사랑처럼 계산적이거나 조심스럽지 않다. 성경의 하나님은 조금도 거리낌이 없으시다. 우리가 예수 그리스도와 연합했다면, 우리의 죄는 그분의 사랑을 가로막지 못한다. 우리의 죄가 우리를 더욱 비참하게 만들면, 하나님의 사랑은 오히려 더욱 풍성하게 솟구쳐 나온다. 심금을 울리는 시, 감동적인 구조

---

32 Thomas Goodwin, *The Heart of Christ* (Edinburgh: Banner of Truth, 2011), 61.

이야기, 갈망을 부추기는 소설, 톨킨과 웬델 베리와 존 던을 비롯한 훌륭한 작가들의 책에는 인류 역사의 배후에 있는 이 사랑이 표현되어 있다. 이 사랑은 창조의 질서는 물론, 창조 사역의 정점인 우리 인간을 만들어낸 능력이다. 그분은 우리를 사랑하기 위해 우리를 창조하셨다. 그분은 손으로 우리를 잡아 자신의 품속으로 끌어안으신다.

언젠가 우리는 하나님 앞에 서서 크게 안도하면서 차분하면서도 느긋하게 이 세상에서는 절대로 느낄 수 없는 방식으로 홍수 같은 하나님의 사랑을 느끼게 될 것이다. 그러나 그 날이 오기 전까지는 그리스도의 사랑과 그것을 아는 우리의 지식이 이 타락한 세상에서 우리를 지탱해줄 생명선이 되어줄 것이다. 이 사랑을 알면 현세에서도 하나님께로 가까이 갈 수 있다. 우리는 하나님의 위대하심을 높이 찬양하지만, 그것은 우리를 그분께로 가까이 이끌지 못한다. 우리를 그분께로 가까이 이끄는 것은 하나님의 선하심, 곧 그분의 사랑이다.

다시 말해, 하나님의 사랑을 맛볼 때 그분 안에서 가장 큰 기쁨을 누릴 수 있다. 아마도 영어권 신학자들 가운데 가장 위대한 신학자를 꼽는다면, 단연코 존 오웬일 것이다. 그는 우리의 영적 성장과 하나님의 사랑과의 관계를 논하면서 이렇게 말했다.

하나님의 사랑을 얼마나 알고 있느냐에 따라 우리가 그분 안에서 누리는 기쁨의 정도가 결정된다. 이것이 없이 하나님에 관한 다른 사실들을 알게 되면 영혼은 그분에게서 멀리 도망칠 수밖에 없다. 그러나 마음이 일단 성부 하나님의 지극한 사랑에 매료되면, 정복되고 압도되어 그분에 대한 애정을 느끼게 된다…아버지의 사랑이 자녀가 아버지 안에서 즐거워하지 못하게 만든다면, 과연 무엇이 그렇게 할 수 있겠는가?[33]

내가 나의 다섯 자녀에게 사랑한다고 말하면, 녀석들은 어깨를 으쓱하면서 "알고 있어요, 아빠."라고 말한다. 그러나 녀석들은 알지 못한다. 단지 그렇다고 믿을 뿐, 알지는 못한다. 녀석들을 아무리 강하게 안아줘도 부족하고, 아무리 크게 사랑한다고 말해도 모자라며, 아무리 자주 사랑을 표현해도 충분하지 않다. 때로는 녀석들이 내게 얼마나 귀한 존재인지를 충분히 알려줄 수가 없어서 좌절감이 느껴지기까지 한다.

죄인인 인간 아버지의 차원에서도 그럴진대 지극히 거룩하신 하나님 아버지의 차원에서 그분의 사랑은 과연 어느 정도나 될까?

우리는 우리가 하나님의 자녀로서 받은 그분의 사랑을 과장할 위험이 있다고 생각하는 경향이 있다. 우리는 너무 대담하지 않으려고 자제하고, 하나님의 사랑을 과장하지 않으려고 조심한다. 그러나 나의 자녀들이 나의 사랑을 선뜻 받아들이지 못하고 머뭇거리며 내게 그런 태도를 보인다면 어떨까?

아버지 하나님의 마음을 아프게 해드려서는 안 된다. 그분의 사랑을 마음껏 받아들이고, 흠뻑 들이키자. 그분의 거룩한 사랑의 불

---

33 John Owen, *Communion with the Triune God,* ed. Kelly M. Kapic and Justin Taylor (Wheaton, IL: Crossway, 2007), 128.

이 우리의 영혼 안에서 뜨겁게 타오르게 하자. 하나님은 우리가 그렇게 하기를 간절히 바라신다.

하나님의 사랑을 경험하기

그러면 어떻게 해야 할까? 어떻게 해야 하나님의 사랑을 실제로 경험할 수 있을까? 하나님의 사랑이 들어오도록 마음의 창문을 열려면 어떻게 해야 할까?

특별한 비결은 없다. 그리스도인들은 2천 년 동안 똑같은 말을 되풀이해 왔다. 예수님을 바라보고, 하나님이 성령을 부어주실 때 우리는 그분의 사랑을 경험할 수 있다. 성령은 곧 하나님의 사랑이시다. 내가 성령을 하나님의 사랑이시라고 말하는 이유는 디도서 3장 5-6절이 하나님이 우리에게 성령을 부어주신다고 말씀하고, 로마서 5장 5절이 하나님이 우리에게 자신의 사랑을 부어주신다고 말씀하기 때문이다('부어주신다'라는 똑같은 헬라어가 사용된 것에 주목하라). 두 곳의 본문이 똑같은 경험을 묘사하고 있다.

'하나님의 사랑을 경험하는 것'은 감정이 포함되는 것은 틀림없지만 단순히 감정만을 의미하지는 않는다. 이것은 옛 사람들이 '영적 애정(affection)'으로 일컬은 것을 가리킨다. 그들은 그 용어로 마음속에서 느끼는 내적 즐거움, 오직 하나님만이 주실 수 있는 영혼의 박동, 그분을 바라보는 자들에게 밀려오는 고요한 기쁨을 묘사했다.

삼위일체 하나님 가운데 두 번째 위격이신 성자의 인격과 사역을 좀 더 분명하게 의식할 때 세 번째 위격이신 성령께서 하나님의 사랑을 경험할 수 있게 해주신다. 태양이 빛과 열기를 뿜어내는 것처럼, 성자께서는 빛을, 성령께서는 열기를 뿜어내신다고 생각할 수 있다. 이 경험이 이루어지면 죄가 흉악하게 보이고, 의가 아름답게 보일 뿐 아니라 하나님과 더 깊은 교제를 나눌 수 있다. 이 경험은 죄를 근절한다.

고린도전서 2장 12절과 같은 성경 말씀이 이 점을 분명하게 가르친다. "우리가 세상의 영을 받지 아니하고 오직 하나님으로부터 온 영을 받았으니 이는 우리로 하여금 하나님께서 우리에게 은혜로 주신 것들을 알게 하려 하심이라." "은혜로 주신 것"이라는 문구는 헬라어 단어 하나를 번역한 것이다. 이 헬라어는 "은혜"를 뜻하는 명사의 동사형이다. 성령께서는 우리의 눈을 열어 은혜로 받은 것, 곧 "영광의 주"(고전 2:8)이신 예수 그리스도의 속죄 사역을 보게 하는 역할을 하신다. 예수님이 요한복음 15장에서 말씀하신 대로, 성령께서는 예수님을 증언하는 일을 하신다(26절). 9장에서 이런 성령의 사역에 대해 좀 더 자세히 살펴볼 예정이지만, 여기에서 이것을 언급하는 이유는 성령께서 하나님의 사랑을 경험할 수 있도록 이끄는 역할을 하시기 때문이다.

그리스도를 바라보고, 그분 안에 나타난 하나님의 사랑을 보라. 오웬은 "이것, 곧 값없이 주어지는 아버지 하나님의 영원하고, 풍성한 사랑을 생각해 보고, 자신의 마음이 그분 안에서 즐거워하는지 살펴보라."라고 말했다.[34] 그렇다면 어디에서 예수님을 바라봐야만 성령께서 새롭게 임해 하나님의 사랑을 실질적으로 경험할 수 있을까? 성경을 펼쳐봐야 한다. 복음서에 나타난 예수님은 물론, 창세기에서부터 요한계시록까지 성경 전체에 나타나 있는 그분을 봐야 한다. 우리에게 구원자가 필요하고, 하나님이 구원자를 보내주셨다는 것이 성경의 골자다. 따라서 성경을 펼쳐 들고, 말씀을 이해하는 데 도움이 되는 좋은 책들을 마련하라. 그리고 "하나님, 제게 하나님을 더 많이 보여주소서. 성자 하나님을 더 분명하게 알게 하시고, 성령으로 뜨거워지게 하소서."라고 기도하라.

시카고 출신의 유명한 복음 전도자 무디는 뉴욕을 방문했을 때 자신의 사역에 대해 큰 실망을 느꼈다. 그는 그곳에서 사역을 중단하게 해달라고 기도할 수밖에 없었는데 심지어 그때도 하나님의 사랑을 경험했다고 술회했다. 이렇게 말하면, "그 사람은 위대한 그리스도인이잖아요? 수많은 사람을 그리스도께로 인도한 무디잖아요? 그런데 나는 어떤가요? 나는 불안정하고, 엉망진창이지 않습니까? 나는 전혀 사랑스럽지 않아요."라고 말할지도 모른다.

그런 생각을 가졌다면, 자신이 사랑스럽지 않다는 것을 의식하는 것 자체가 에베소서 3장의 말씀과 그리스도의 무한한 사랑을 경험할 자격이 있는 이유라고 말해주고 싶다. 자신이 사랑스럽다고 생각하면, 사랑받는다는 느낌이 그렇게 절실하지 않을 것이 틀림없다. 사랑은 사랑받는 자의 사랑스러움에 의존하지 않는다. 만일 자

---

34 Owen, *Communion with the Triune God*, 128.

신이 사랑스럽다고 생각하면 어느 정도는 사랑받는다는 느낌을 받을 수 있겠지만, 깜짝 놀라며 감격스러워하지는 못할 것이다. 그리스도의 사랑이 놀랍고, 경이롭고, 매혹적이고, 변화의 힘을 발휘하는 이유는 바로 우리의 추악함 때문이다.

조나단 에드워즈는 설교를 통해 하나님의 사랑의 놀라운 속성을 다음과 같이 묘사했다.

그리스도를 발견한 사람들은 그리스도께서 지극히 영광스럽고, 탁월한 분이신데도 불구하고, 자신과 같이 비천하고, 무가치하고, 혐오스러운 피조물을 기꺼이 받아주신다는 사실을 발견하고 깜짝 놀란다.

그들은 그리스도께서 그런 분, 곧 그런 은혜를 베푸시는 분이시라는 사실을 상상조차 하지 못했다. 그들은 그분이 거룩한 구원자이고, 죄를 미워하신다고 들었다. 따라서 그들은 그분이 자기와 같이 사악하고, 하찮은 인간을 기꺼이 받아주시리라고는 꿈에도 생각하지 못했다. 그들은 그분이 분노를 부추기는 죄인들, 곧 가증스러운 마음을 지닌 비참한 죄인들을 절대로 받아주지 않으실 것이라고 믿었다.

그러나 보라, 그분은 조금도 뒤로 물러나지 않고 그런 그들을 기꺼이 받아주신다. 그들의 예상과는 달리, 그분은 양팔을 활짝 벌려 그들을 안아주고. 마치 그들이 전혀 죄를 지은 적이 없는 것처럼 그들의 모든 죄를 영원히 기억하지 않으신다. 그들은 그분이 자기들을 맞으러 달려와서 크게 환영할 뿐 아니라 자기들을 자신의 종이자 친구로 인정하신다는 것을 깨닫는다. 그분은 먼지 가운데서 그들을 일으켜 세워 자기의 보좌에 앉히신다. 그분은 그들을 하나님의 자녀로 만들고, 평화를 말씀하며, 그들의 마음을 기쁘게 하고, 새롭게 하신다. 그분은 그들과 하나로 연합하고, 가장 즐거운 환대를 베풀며, 영원히 그들의 친구가 되어 주신다.

따라서 그들은 그런 환대에 깜짝 놀란다. 그들은 그리스도께서 그런 사랑과 은혜를 베푸는 분이시라고는 전혀 생각하지 못했다. 그것은 그들의 모든 생각과 상상을 뛰어넘는 것이다.[35]

예수님을 바라보라. 우리를 기꺼이 영원히 안아주시는 그리스도의 사랑을 놀라워하라. 성령께서 우리를 새롭게 충만하게 하실 때 주어지는 영혼의 평화를 마음껏 누리라.

하나님의 사랑을 알지 못하게 방해하는 요인들

그러나 이것이 그렇게 단순하지 않을 때가 많다. 그렇지 않은가? 우리 가운데는 아무리 열심히 노력해도, 성경을 아무리 많이 읽어도 무엇이 하나님의 사랑을 경험하는 것인지를 잘 모르는 사람들이 있다.

그런 사람들은 자신의 삶 속에 나타난 증거들을 보고, 지금까지 견뎌온 고통을 떠올리면서, "그리스도의 사랑이라구요? 지금 농담

---

35 Jonathan Edwards, "Seeking After Christ," in *The Works of Jonathan Edwards,* vol. 22, *Sermons and Discourses, 1739–1742,* ed. Harry S. Stout and Nathan O. Hatch, with Kyle P. Farley (New Haven, CT: Yale University Press, 2003), 290; language slightly updated.

하는 거죠? 당신은 지금 공상의 세계에 살고 있어요. 이론적으로는 그럴듯하게 들리지만, 엉망진창인 나의 삶을 좀 봐요. 나의 가슴 속 깊은 곳에서는 내가 왕궁처럼 으리으리하게 살도록 창조되었다는 것을 알고 있지만, 실제로는 폭탄에 맞아 길에 널브러진 돌무더기와 같은 삶을 살고 있어요. 다른 사람들은 그런 나를 짓밟고, 학대하고, 괴롭혔어요. 내 삶이 그리스도의 사랑을 부인해요."라는 식으로 자조하면서 냉소적인 반응을 보이기 쉽다.

그리스도의 사랑이라는 말을 들을 때 그런 생각만 떠오른다면, 자신의 삶이 아닌 그리스도의 삶을 바라보라고 권하고 싶다. 우리의 삶은 그분의 사랑을 부인하지 않는다. 그분의 삶이 곧 그분의 사랑을 입증한다.

하나님의 영원하신 아들은 하늘에서 그 누구보다도 장엄한 위엄을 갖추신 분이셨다. 그러나 그분은 인간이 되셨다. 하나님이 인간이 되셨으니 당연히 영광스러운 권위로 통치하실 것으로 생각될 테지만, 그분은 배척을 받아 죽임을 당하셨다. 그분의 삶은 폭탄에 맞아 너부러진 돌무더기처럼 되었다. 왜 그랬을까? 그 이유는 자신의 속죄 사역을 통해 성부 하나님의 의로운 분노를 충족시킴으로써 죄인인 우리를 자신의 마음 가장 깊은 곳에 품고 절대로 놓지 않기 위해서였다.

우리를 규정하는 것은 우리 자신의 고난이 아닌 그분의 고난이다. 우리는 억지로 고통을 감내했지만, 그분은 우리를 위해 자발적으로 고통을 감내하셨다. 우리의 고통은 우리가 당해야 할 것을 감당하신 그리스도께로 도망치는 계기가 되어야 한다.

예수님이 지옥의 고통을 기꺼이 감내하셨다면, 우리는 고난을 겪으며 천국을 향해 가는 동안 그분의 사랑을 전적으로 의지해야 한다.

어떤 사람들은 다른 사람들이 그들에게 가한 해 때문이 아니라 그들 자신의 죄와 어리석음 때문에 하나님의 사랑을 의심한다. 그들은 예수님을 믿지만, 계속해서 잘못을 저지르면서 하나님의 사랑이 담겨 있는 저수지가 언제 마를 것인지 궁금해한다.

하나님이 자신의 사랑을 의심하는 자기 자녀들을 어떻게 대하시는지 아는가?

그분은 그들을 더 열정적으로 사랑하신다.

그것이 그분의 본성이다. 그분은 사랑이시며, 자애의 원천이시다. 그분은 지칠 줄 모르고 끊임없이 우리를 안아주신다. 스코틀랜드 목회자 윌리엄 스틸은 1948년에 교인들에게 보낸 편지에서 "하나님은 베푸는 것에 전혀 싫증을 느끼시지 않습니다. 우리가 감사하지 않을 때도 그분은 베푸시고, 또 베푸시고, 계속 베푸십니다. 우리는 때로 다른 사람들이 하나님을 근심하시게 하면 그들에게 찾아가서 벌을 내리거나 그들을 엄히 꾸짖으실 것으로 생각하지만, 그분은 오히려 그들에게 자신의 사랑의 증표를 더 많이 보여주십니다."라고 말했다.[36]

하나님이 다시 우리를 사랑하실 수 있게 하자. 우리 자신을 못마

---

36 William *Still, Letters of William Still: With an Introductory Biographical Sketch*, ed. Sinclair B. Ferguson (Edinburgh: Banner of Truth, 1984), 35.

땅하게 여기지 말고, 힘을 내어 일어나 그분이 우리를 바다와 같은 사랑 속으로 전보다 더 깊이 빠뜨리시게 하자.

우리의 잘못으로나 다른 사람의 잘못으로 삶이 망가졌더라도, 우리가 그리스도 안에 있다면 폭포수와 같은 하나님의 사랑에서 벗어난 적은 단 한 번도 없다는 것을 기억하라. 하나님이 하나님이기를 포기하지 않으시는 한, 폭포수 같은 그분의 사랑이 마를 일은 절대로 없다. 우리가 그런 폭포수 같은 사랑을 멈추게 할 수 없는 것은 작은 돌멩이 하나가 넓이가 1.6킬로미터에 이르고 높이가 110미터에 달하는 빅토리아 폭포, 곧 잠비아 남부의 절벽 위로 흘러 쏟아지는 잠베지강의 엄청난 양의 물을 멈추게 할 수 없는 것과 같다.

우리가 하나님의 사랑을 무시했든, 등한시했든, 헛되이 낭비했든, 오해했든, 강퍅한 마음으로 거부했든 상관없이, 주 예수 그리스도께서는 오늘도 십자가에 매달리셨을 때의 자세처럼 양팔을 활짝 펼친 채로 우리에게 달려와서 이렇게 말씀하신다.

이제 그런 것은 아무것도 중요하지 않다. 다시 생각하지 말아라.

지금 중요한 것은 너와 나다.

너는 네가 엉망진창이라는 것을 알고 있다. 너는 죄인이다. 네 삶은 모두 너를 중심으로 이루어져 왔다.

그 폭풍우 속에서 걸어 나와라. 마음을 열고 기쁨을 받아들여라.

내가 징벌을 받았으니 너는 그럴 필요가 없다. 내가 묶였으니 너는 자유다. 내가 고발을 당했으니 너는 사면되었다. 내가 처형되었으니 너는 무죄다.

이 모든 것은 단지 나의 사랑의 시작일 뿐이다. 그것으로 나의 사랑이 입증되었지만, 그것이 끝이 아니다. 그것은 단지 나의 사랑 안으로 들어가는 출입문일 뿐이다.

그 사랑을 받으려면 너를 충분히 낮춰야 한다.

바싹 마른 네 영혼을 나의 사랑의 바다에 던져 넣어라. 그곳에서 네 마음이 갈망하는 안식과 구원과 사랑과 우정을 발견할 수 있을 것이다.

우리의 삶을 감싸고 있는 것은 우리의 행위가 아닌 하나님의 사랑이다. 우리의 삶을 규정하는 홀마크는 우리의 깨끗함이 아닌 그분의 포용이다. 우리 삶의 가장 큰 과제는 조용하면서도 갈수록 커지는 강렬함으로 하나님의 무한한 사랑 안으로 더 깊이 들어가는 것이다. 우리는 이 타락한 세상 속에서 그 과제를 남보다 더 일찍 시작함으로써 영적으로 성장한다.

5

무죄 선고

그리스도를 처음 영접했을 때 받은 무죄 선고에서 벗어나 다른 단계로 나아가는 것이 아니라 그 안으로 더 깊이 들어갈 때 그분 안에서 성장할 수 있다.

교회 안에는 복음의 메시지를 통해 신앙생활이 일단 시작되고 나면 다른 단계로 나아가야만 그리스도 안에서 성장할 수 있다고 생각하는 신자들이 적지 않다. 그것은 매우 잘못된 생각이다. 이 오류에 얽매여 있는 한, 진정한 성장을 이루기는 어렵다. 이번 장의 목표는 복음이 잠시 묵고 가는 호텔이 아닌 계속 머물러 사는 집과 같다는 점을 설명하는 데 있다. 복음은 신앙생활의 출입문일 뿐 아니라 계속 나아가는 길이요, 신앙생활의 시동을 거는 배터리 케이블이 아닌 그것을 계속 움직이게 만드는 엔진이다.

이 책은 성화에 관한 책이다. 이 책은 "우리가 영적으로 어떻게 성장해 나가는가?"라는 문제를 다룬다. 성화는 은혜 안에서 조금씩 성장해 나가는 평생의 과업이지만, 칭의는 과정이 아닌 사건, 곧 특정한 시점에서 단회적으로 일어나는 법적인 무죄 선고다. 그런데 성화를 다루는 책에서 칭의를 생각해야 할 이유가 무엇일까? 그 이유는 성화가 칭의라는 사건으로 계속해서 더욱 깊이 되돌아가는 과정을 통해 추진되기 때문이다.

이 말은 언뜻 들으면 이상하게 들릴 수도 있다. 칭의를 기억함으로써 성화를 추구한다면 거꾸로 다시 돌아가는 것이 아닐까? 사실, 성화는 열차 승객이 차장이 차표를 보여달라고 할 때 처음 열차에 탑승할 때 보여주었던 차표를 다시 꺼내 보여주는 것과 같다. 그 차표는 그가 열차에 처음 탑승할 때는 물론, 그가 계속해서 열차를 타고 갈 때도 똑같이 필요하다.

좀 더 구체적으로 말하면, 그리스도 안에서의 성장은 외적인 성향을 띤 행위의 복종과는 대조되는 내면의 변화를 가리킨다. 이번 장의 요점을 세 문장으로 요약하면 다음과 같다.

1) 칭의는 밖에서 이루어지는 것이다. 따라서 그것을 안에서 이루려고 하면 실패한다.

2) 성화는 안에서 이루어지는 것이다. 따라서 그것을 밖에서 이루려고 하면 실패한다.

3) 안에서 이루어지는 성화는 밖에서 이루어진 칭의를 일상 속에서 전용(轉用)함으로써 동력을 얻는다.

칭의

첫째, 칭의는 밖에서 이루어지는 것이다. 따라서 그것을 안에서 이루려고 하면 실패한다.

이 말의 의미는 다음과 같다. 칭의가 밖에서 이루어진다는 것은 전적으로 우리 밖에서 주어지는 지위를 통해 의롭다 함을 받는다는 뜻이다. 이것은 우리가 이해하기에는 다소 어렵고, 익숙하지 않은 개념이다. 개인의 지위라는 개념, 곧 유죄인지 무죄인지에 대한 평가는 당사자의 행위에 근거해 이루어지는 것이 보통이다. 그러나 복음 안에서는 종교개혁자들이 '밖에 있는 의'로 일컫는 것이 우리에게 주어진다. 그 이유는 예수님의 의가 우리에게 전가되기 때문이다. 루터는 이를 '행복한 교환'으로 일컬었다. 우리에게는 그리스도의 의가 주어지고, 그분은 우리의 죄를 담당하신다. 그 결과, 우리는 무죄가 되고, 예수님은 유죄가 된다. 그분은 십자가에서 우리가 받아야 할 징벌을 받으셨다. 죄가 없다는 법적 지위가 우리에게 선고됨으로써 우리는 의롭다 함을 받는다. 우리는 죄를 지은 당사자일 뿐 아니라 우리의 공로를 내세워 우리를 옹호할 능력이 전혀 없는데도 자유롭게 법정 밖으로 걸어나갈 수 있다. 아무도 우리를 다시 고소할 수 없다. 의롭다는 판결은 우리가 아무런 자격이 없다는 것을 인정하고, 그리스도의 의가 우리를 옹호해 주기를 구할 때 비로소 내려진다.

그러나 우리는 그것을 끈질기게 거부한다. 그것을 받아들이는 것은 세상이 돌아가는 방식에 대한 우리 자신의 확고부동한 직관을 정면으로 거스른다. 우리가 그것을 거부하는 이유는 단지 우리의 자긍심이 타격을 입어서가 아니다. 그보다는 그것이 우리의 정체성을 결정할 뿐 아니라 우주에서 차지하는 우리의 위치에 대해 우리가 느끼는 안정감을 지탱해 주는 우리의 도덕적 기준을 포기해야 하는 것처럼 보이게 하기 때문이다. 이신칭의에 관한 성경의 가르침은 위가 아래고, 아래가 위인 것처럼 도덕적인 현기증을 느끼게 한다. 왜냐하면 우리의 고질적인 성향, 곧 "나는 괜찮은가? 나는 중요한가? 내 삶은 어떤 판결을 받을까? 나는 창조주와 평화를 누리는가?"와 같은 문제들에 대한 대답을 안에서 찾으려는 노력을 중단하라고 가르친다.

과거의 위대한 교사들은 우리의 마음이 칭의의 경이로움을 선뜻 인정하기를 싫어하는 성향을 지니고 있다는 것을 알았다. 이것이 스코틀랜드 목회자였던 로버트 머레이 맥체인이 "우리 자신을 한 번 볼 때마다 그리스도를 열 번 바라봐야 한다."고 말했던 이유다.[37] 존 뉴턴도 "그리스도를 한 번 바라보는 것이 한 달 동안 우리의 상처를 곰곰이 되씹는 것보다 더 유익하다."고 말했다.[38] 그들은 단지 "예수를 바라보자"(히 12:2)라는 성경 말씀을 되풀이했을 뿐이다. 우리는 영혼의 가장 큰 문제에 대한 대답을 우리 안에서 찾으려는 경향이 있다. "나는 하나님과 올바른 관계를 맺고 있는가?" 우리 자신

---

37 In Andrew A. Bonar, *Memoirs and Remains of the Rev. Robert Murray McCheyne* (Edinburgh: Oliphant, Anderson, and Ferrier, 1892), 293.

38 *Letters of John Newton* (Edinburgh: Banner of Truth, 2007), 380.

을 그렇게 심하게 추궁할 필요는 조금도 없다. 우리는 칭의의 진리 안으로 피하려고 하면서도 마음으로는 우리가 종이에 적어 고백한 죄를 얼버무릴 교묘한 방법을 찾는다. 우리는 칭의의 교리를 받아들이지만, 조용히 우리의 행위로 그것을 보강하려고 애쓴다. 그런 일은 대개 우리가 무엇을 하고 있는지를 의식하지 못하는 상태에서 이루어진다.

그러나 우리에 대한 하나님의 무죄 판결을 우리의 공로로 은밀히 보강하려고 하면, 칭의의 교리가 산산이 부서져 우리의 삶 속에서 아무런 효력을 발휘하지 못하게 된다. 성경은 이것을 "헐었던 것을 다시 세우는 것"으로 묘사한다(갈 2:18). 우리는 우리 자신의 의와 힘으로 의를 이루려는 무익한 시도를 모두 '허물었다.' 그런데 왜 그것을 다시 세우려는 것인가? 그렇게 하는 것은 "하나님의 은혜를 폐하는 것"(갈 2:21), 곧 칭의를 밖에서 이루어지는 진리가 아닌 안에서 이루어지는 진리로 바꾸는 것이다. 자아를 강화하려고 하면 칭의의 위로를 모두 잃게 된다. 전부가 아니면 아무것도 아닌 것이 된다.

성화

둘째, 성화는 안에서 이루어지는 것이다. 따라서 그것을 밖에서 이루려고 하면 실패한다.

영적 성장은 칭의와는 반대로 이루어진다. 작동하는 방식과 실패하는 방식이 둘 다 전혀 다르다. 칭의를 통해 이루어지는 무죄 판결은 우리 밖에 있는 다른 이의 공로에 근거해 전적으로 하늘로부터 우리에게 주어진다. 우리의 기여를 통해 칭의를 도울 수 있는 것은 아무것도 없다. 그것은 우리의 영적 지위와 관련이 있다. 칭의는 복음의 객관적인 결과에 해당한다. 그와는 달리, 성화는 우리의 행위와 거룩함과 관련된 변화, 곧 복음의 주관적인 결과에 해당한다. 성화는 내적으로 일어난다.

칭의를 안에서 이루려고 하면 그 위로를 누리지 못하는 것처럼, 성화를 밖에서 이루려고 하면 그 과정을 망치게 된다. 우리는 내적 기여를 통해 칭의의 상태를 강화하고픈 유혹을 느끼는 것처럼, 외적 규칙을 통해 성화를 강하고픈 유혹을 느낀다.

그러나 영적 성장은 십계명이나 예수님의 명령이나 자의적인 규칙이나 양심의 소리와 같은 외적 규칙에 순응함으로써 이루어지지 않는다. 물론, 성경의 명령이 무가치하다는 뜻은 결코 아니다. 성경의 명령은 "거룩하고 의로우며 선하다"(롬 7:12). 그러나 성경의 명령은 성장의 운전대일 뿐, 엔진이 아니다. 성경의 명령은 지침을 제시하지만, 그 지침에 복종하는 데 필요한 능력을 제공하지는 않는다.

우리의 육체가 어떻게 성장하는지 생각해 보라. 나는 여섯 살 된 우리 딸 클로에에게 음식을 온몸에 문질러 바르라고 말하지 않는다. 나는 그것을 먹으라고 말한다. 음식은 녀석의 몸 밖에 있어서는 안 되고 그 안으로 들어가야 한다. 교회사 대대로 되풀이되는 큰 잘못 가운데 하나는 우리의 행위에 규칙을 적용해 외적 행위가 영적 성장을 증진하거나 정확하게 반영한다고 생각하는 것이다. 이것이 바리새인들의 잘못이었다. 그들은 "잔과 대접의 겉은 깨끗이 하되 그 안에는 탐욕과 방탕으로 가득 차 있었다"(마 23:25). 그들은 "겉으로는 아름답게 보이나 그 안에는 죽은 사람의 뼈와 모든 더러운 것이 가득한 회칠한 무덤과 같았다"(마 23:27).

이번에는 신약성경에서 가장 놀라운 성경 본문 가운데 하나를 생각해 보자. 그 본문을 인용하기 전에 먼저 "경건함이라는 말을 들으면 무슨 생각이 떠오르는가?"라고 묻고 싶다. 아마도 바울이 디모데후서에서 묘사한 내용과는 사뭇 다를 것이 틀림없다. 그는 그곳에서 그리스도의 초림과 재림 사이를 살아가는 사람들의 모습을 묘사하며 신약성경에서 가장 긴 악덕의 목록을 제시했다.

"사람들이 자기를 사랑하며 돈을 사랑하며 자랑하며 교만하며 비방하며 부모를 거역하며 감사하지 아니하며 거룩하지 아니하며 무정하며 원통함을 풀지 아니하며 모함하며 절제하지 못하며 사나우며 선한 것을 좋아하지 아니하며 배신하며 조급하며 자만하며 쾌락을 사랑하기를 하나님 사랑하는 것보다 더하며"(3:2-4).

모두 열여덟 가지의 악덕이 열거되었다. 이 목록은 마치 숨이 넘어갈 듯한 어조로 악을 묘사하고 있다.

그러나 이 목록에 열아홉 번째 악, 곧 교회가 경계해야 할 영적 파산의 마지막 한 가지 특징이 더해졌다. 그것은 바로 "경건의 모양은 있으나 경건의 능력은 부인하니"(3:5)라는 말씀이다.

"경건의 모양은 있으나"라는 문구는 자아를 사랑하는 것이 경건으로 보일 수 있고, 돈을 사랑하는 것도 경건으로 보일 수 있다는 뜻이다. 교만과 오만이 가득한 사람도 경건한 것처럼 보일 수 있고, 감사하지 않는 사람, 거룩하지 않은 사람, 무정한 사람, 모함하는 사람도 겉으로는 경건해 보일 수 있다.

진정한 성화, 곧 참된 영적 성장은 내적으로 이루어진다. 물론, "그 열매로 나무를 아느니라"(마 12:33)라는 말씀대로, 성화의 증거는 밖으로 드러나기 마련이지만, 나무가 열매를 만드는 것이지 열매가 나무를 만들지는 않는다. 에드워드 피셔는 성화를 다룬 유명한 책에서 성화의 동력을 제공하는 내적인 현실 없이 외적으로만 규칙에 순응하는 것은 뿌리를 제외한 채 나무의 모든 곳에 물을 주면서 자라기를 기대하는 것과 같다고 설명했다.[39] 그리스도 안에서의 참된 성장을 규정하는 것은 내적 현실이다.

칭의를 통한 성화

셋째, 안에서 이루어지는 성화는 밖에서 이루어진 칭의를 일상 속에서 전용함으로써 동력을 얻는다.

밖에서 이루어진 판결은 안에서 이루어지는 과정을 촉진한다. 변화는 노력으로 이루어지는 것이 아니다. 변화는 심령이 녹아내릴 때 이루어진다. 단지 자아로부터 고개를 돌려 그리스도께서 우리

---

39 Edward Fisher, *The Marrow of Modern Divinity* (Pittsburgh: Paxton, 1830), 227 (pt. 1, chap. 3, sec. 8: "에반: '마치 뿌리만 빼고 나무 전체에 물을 주는 것처럼 많은 설교자가 사람들을 믿음으로 인도하기보다 몇 가지 도덕적 미덕을 칭송하거나 몇 가지 시대의 악을 질타하는 것에만 열을 올린다'").

를 대신해 이루신 일을 바라보기만 하면 의롭다 함을 받는다는 복음의 경이로움을 곰곰이 생각하면 심령이 부드러워지고, 성화의 수고로움이 놀랍도록 가벼워진다. 우리를 변화시키는 것은 복음이다. 오직 복음만이 우리를 변화시킬 수 있다. 그 이유는 복음 자체가 우리에게 어떤 일이 일어났는지를 알려주어야만 아무리 느린 변화라도 비로소 변화가 일어나기 시작하기 때문이다(물론, 복음이 가르치는 모든 것이 칭의라는 하나의 범주로 압축되는 것은 아니다. 복음은 칭의보다 범위가 훨씬 넓다. 그 안에는 양자, 화해, 구속과 같은 다른 영광스러운 교리들이 포함된다. 그러나 복음의 가장 큰 위력은 칭의에서 비롯한다. 칭의는 복음의 은혜를 가장 선명하게 드러내는 교리다).

우리는 권고에 귀를 기울이는 것이 곧 성장의 길이라고 직관적으로 생각하는 경향이 있다. 그것은 인간의 생각이 지닌 자연스럽고, 정상적인 성향이다. 권고는 중요한 비중을 차지한다. 우리는 권고가 필요하다. 성경의 도전과 명령에 귀를 기울이지 않는 것은 성숙한 그리스도인이 못 된다는 증거다. 그러나 성경은 그런 명령을 어느 정도까지 성공적으로 지킬 수 있느냐와 상관없이, 하나님의 인정을 받아 안전한 상태에 거하게 되었다는 확신을 지닌 사람들이 그것에 귀를 기울일 때만 비로소 건강한 성장이 이루어질 수 있다고 가르친다. 바꾸어 말해, 처음에 우리에게 죄 사함의 결과로 주어진 칭의 속으로 더 깊이 들어갈 때 성장할 수 있다(이것이 이 책의 핵심이다).

교회 역사가이자 부흥 신학자인 리처드 러브레이스는 영적 회복을 다룬 책에서 이렇게 말했다.

사실, 우리가 교인들에게서 발견하는 성화의 결함은 대부분 그들이 칭의에 끝까지 잘 집중하지 못한 데서 생겨난 결과다. 하나님이 영적 성취와 상관없이 예수님 안에서 자기를 항상 사랑하고, 받아주신다는 확신을 잃어버린 그리스도인들은 잠재의식적으로 매우 불안정한 사람들이다. 그들은 비그리스도인들보다 훨씬 더 불안정하다. 그들은 빛에 너무 많이 노출된 사람들처럼 자신이 처한 기독교적 환경 속에서 하나님의 거룩하심과 스스로 이뤄야 할 의로움에 관해 끊임없이 많은 말을 듣고 있는 까닭에 안정을 찾기가 어렵다.[40]

우리는 칭의의 값없음을 항상 기억해야 한다. 그 이유는 타락으로 인해 생겨난 성향이 정확히 그와 반대되는 것을 하도록 부추기기 때문이다. 우리의 타락한 마음은 성화의 진행 상태를 근거로 칭의의 상태를 평가하려는 경향이 매우 강하다. 58년 동안 한 교회만을 섬겼던 영국 목회자 토머스 애덤스는 그의 사후인 1814년에 출판된 자신의 일기에서 이 진리를 다루었다. 그는 이를 '칭의에 의한 성화'로 일컬으며 "성화에 의한 칭의가 천국에 가기 위한 인간의 방법이라면…칭의에 의한 성화는 하나님의 방법이다."라고 말했다.[41] 교회 역사 속에 등장한 사상가들 가운데는 죄 사함의 결과로 우리에게 주어진 칭의 속으로 들어가지 않고 신앙생활의 성장을 추

---

40 Richard Lovelace, *Dynamics of Spiritual Life: An Evangelical Theology of Renewal* (Downers Grove, IL: InterVarsity Press, 1979), 211 – 12.

41 Thomas Adam, *Private Thoughts on Religion* (Glasgow: Collins, 1824), 199.

구하려는 우리의 성향을 지적했던 사람들이 많았다. 예를 들어, 마르틴 루터는 점진적인 성화를 "칭의를 통해 야기된 경건함의 교리"로 정의했고,[42] 프란시스 투레틴은 "죄 사함을 가져다주는 칭의는 (에피쿠로스 철학자들이 주장하는 것과는 달리) 죄를 허용하거나 허락하지 않고, 경건해지려는 마음과 거룩함의 실천을 자극한다…칭의와 성화의 관계는 수단과 목적의 관계와 같다."라고 말했으며,[43] 토머스 찰머스는 "복음이 자유롭게 역사할수록 더 큰 성화의 효력을 발휘한다. 복음을 은혜의 교리로 더 많이 받아들일수록 그것이 경건을 이루는 교리라는 것이 더 분명하게 느껴진다."라고 설교했다.[44] 제임스 스튜어트는 그리스도와의 연합을 다룬 책에서 "하나님의 의롭다 하는 판결이 성화를 이룬다…그 이유는 하나님이 보증이 될 만한 것을 전혀 기다리지 않고, 온전한 용서를 베푸시기 때문이다… 용서는 거듭나게 하고, 칭의는 거룩하게 한다."라고 말했다.[45] 충실한 개혁주의 신학자 헤르만 바빙크는 참 신앙을 이렇게 정의했다.

참 신앙은 하나님이 그리스도 안에서 계시하신 은혜를 실천적으로 알고, 그분이 우리의 모든 죄를 용서하고, 우리를 자신의 자녀로 받아들이

42 In Ewald M. Plass, *What Luther Says: A Practical in-Home Anthology for the Active Christian* (St. Louis: Concordia, 1959), 720.

43 Francis Turretin, *Institutes of Elenctic Theology,* ed. James T. Dennison, trans. George Musgrave Giger, 3 vols. (Phillipsburg, NJ: P&R, 1992‒1997), 2:692‒93.

44 Thomas Chalmers, "The Expulsive Power of a New Affection," in *Sermons and Discourses,* 2 vols. (New York: Robert Carter, 1844), 2:277.

45 James S. Stewart, *A Man in Christ: The Vital Elements of St. Paul's Religion* (New York: Harper & Row, 1935), 258‒60.

셨다는 것을 진정으로 신뢰하는 것을 의미한다. 그런 점에서 이 신앙은 처음에 칭의를 얻을 때만이 아니라 그리스도인이 일평생 살아가는 동안 늘 그를 뒤따르며, 성화에서도 그 무엇으로도 대체할 수 없는 항구적인 역할을 수행한다.[46]

네덜란드 신학자 베르카우어는 성화를 연구하면서 "칭의를 먹고 사는 삶이 곧 성화의 동력이다."라고 거듭 강조했다.[47]

위대한 개혁주의 신앙고백에서도 이와 비슷한 내용이 똑같이 발견된다. 〈벨기에 신앙고백〉은 "이 의롭다 하는 믿음은 경건하고, 거룩한 삶을 사는 것에 무관심하게 만들기는커녕 오히려 그와는 정반대로 사람들 안에서 역사한다. 따라서 이 믿음이 없으면 무슨 일을 하든 하나님을 사랑하는 마음이 아닌 자기 자신을 사랑하는 마음과 정죄당할까 봐 두려운 마음으로 할 수밖에 없다."(24조)라고 진술했다. 〈도르트 신조〉는 하나님이 자기 백성을 보존하는 방식에 관해 "하나님은 복음의 선포를 통해 이 은혜의 사역을 우리 안에서 시작하기를 기뻐하셨던 것처럼, 복음을 듣고, 읽고, 묵상하는 방법을 통해 자신의 사역을 보존하고, 유지하고, 완수하신다."(5.14)라고 말했다.

그러나 이 모든 것의 궁극적인 증거는 역사적 인물이나 신조가

---

46 Herman Bavinck, *Reformed Dogmatics,* vol. 2, *God and Creation,* ed. John Bolt, trans. John Vriend (Grand Rapids, MI: Baker, 2004), 257.

47 G. C. *Berkouwer, Faith and Sanctification,* trans. John Vriend, Studies in Dogmatics (Grand Rapids, MI: Eerdmans, 1952), 93.

아닌 성경 자체다. 갈라디아서 2장에서 값없이 주어지는 구원이 우리를 어떻게 변화시키는지를 보여주는 가장 놀라운 말씀이 발견된다.

칭의와 두려움

무죄 판결이 우리를 안에서부터 변화시키는 과정은 어떤 내적 논리에 근거할까? 갈라디아서 본문은 이렇게 말씀한다.

"게바가 안디옥에 이르렀을 때에 책망받을 일이 있기로 내가 그를 대면하여 책망하였노라 야고보에게서 온 어떤 이들이 이르기 전에 게바가 이방인과 함께 먹다가 그들이 오매 그가 할례자들을 두려워하며 떠나 물러가매 남은 유대인들도 그와 같이 외식하므로 바나바도 그들의 외식에 유혹되었느니라 그러므로 나는 그들이 복음의 진리를 따라 바르게 행하지 아니함을 보고 모든 자 앞에서 게바에게 이르되 네가 유대인으로서 이방인을 따르고 유대인답게 살지 아니하면서 어찌하여 억지로 이방인을 유대인답게 살게 하려느냐 하였노라 우리는 본래 유대인이요 이방 죄인이 아니로되 사람이 의롭게 되는 것은 율법의 행위로 말미암음이 아니요 오직 예수 그리스도를 믿음으로 말미암는 줄 알므로 우리도 그리스도 예수를 믿나니 이는 우리가 율법의 행위로써가 아니고 그리스도를 믿음으로써 의롭다 함을 얻으려 함이라 율법의 행위로써는 의롭다 함을 얻을 육체가 없느니라"(갈 2:11-16).

바울과 베드로 사이에서 이루어진 이 흥미로운 대화 안에서 많은 것이 발견된다. 나는 그 가운데서 한 가지만 언급하고 싶다. 바울은 왜 칭의의 교리로 교회의 내적 갈등을 다루려고 했을까?

우리가 흔히 생각하는 대로, 이신칭의는 우리를 기독교적 삶으로 이끌어 들이는 핵심 진리다. 그렇다면 바울이 그의 신학적 도구 상자에서 이 교리를 꺼내 이미 신자가 된 사람들 사이에서 불거진 문제를 해결하려고 했던 이유는 무엇이었을까? 신자인 바울이 신자인 갈라디아 사람들에게 편지를 보내 신자인 베드로와 관련된 이야기를 언급한 이유는 베드로가 야고보에게서 온 유대인 신자들이 도착하자 이방인 신자들을 멀리했기 때문이었다. 사도행전에 기록된 복음 설교가 아닌 교회의 내적 갈등이 불거진 현장에서 이신칭의에 관한 성경의 가장 유명한 구절이 등장했다(갈 2:16).

왜 칭의였을까? 바울이 성화나 성령이나 사랑을 언급하지 않았던 이유는 무엇일까?

바울은 왜 베드로와 바나바가 이방인 그리스도인들을 멀리한 것이 '복음의 진리에 따라 바르게 행하지 아니한 것'이라고 말했을까(14절)? 바울이 그들이 "성령으로 행하지 않았다"거나 "그들이 마땅히 추구해야 할 성장의 원리에 따라 행하지 않았다"라고 말하지 않았던 이유는 무엇일까? 이런 경우가 성경에서 여기에서만 발견되는 것은 아니다. 사도들은 신약성경 곳곳에서 복음을 신자들의 삶과 연관시켰다. 바울은 로마의 그리스도인들에게 "나는 할 수 있는 대로 로마에 있는 너희에게도 복음 전하기를 원하노라"(롬 1:15)라고 말했고, 골로새 신자들에게는 "복음의 소망에서 흔들리지 않는" 삶을 살라고 당부했으며(골 1:23), 고린도 신자들에게도 복음 안에 "서서" 그것을 "굳게 지키라고" 권고했다(고전 15:1-2). 사도들은 복음을 우리를 지옥에서 건져내는 일회용 백신이 아닌 천국에 가는 내내 계속해서 영양분을 공급해 줄 양식으로 간주했다.

갈라디아 신자들 사이에서 어떤 일이 발생했는지를 암시하는 내용이 2장 12절의 "할례자들을 두려워하며"라는 문구에서 발견된다. 야고보에게서 온 유대인 신자들이 예루살렘에서 갈라디아에 도착하자 베드로와 바나바는 이방인 신자들과 함께 음식을 먹는 일을 중단했다. 베드로가 그렇게 행동했던 이유는 두려움 때문이었다.

무엇에 대한 두려움이었을까? 박해는 아니었다. 그들은 모두 그리스도를 믿는 충실한 신자들이었다. 갈라디아서 전체를 살펴보면, 바울이 두려워하지 않았던 것을 베드로가 두려워했던 것을 알 수 있다. 즉 바울은 갈라디아서 1장에서 "이제 내가 사람들에게 좋게 하랴 하나님께 좋게 하랴 사람들에게 기쁨을 구하랴 내가 지금까지 사람들의 기쁨을 구하였다면 그리스도의 종이 아니니라"(10절)라고 말했다. 베드로는 사람들에게 인정받는 것을 잃게 될까 봐 두려워했다.

그것이 그가 은혜 안에서 성장하는 것을 방해하는 걸림돌이었다. 베드로는 오랫동안 그리스도를 믿어왔지만 그런 성화의 문제를 안고 있었다. 그러나 바울은 칭의를 성화와 연결시켰다. 그는 이신칭의라는 외과적 교리로 베드로의 상처를 찔렀다. 바울은 근원적인 문제를 다루었다.

바울이 베드로의 행위가 복음의 진리에서 벗어나(2:14) 이신칭의의 교리를 훼손했다고(2:16) 판단했던 이유는 그가 복음을 통해 하나님께 인정받는 것과 칭의를 통해 안전한 신분을 얻는 것보다 사람들에게 인정받는 것을 더 중요시했기 때문이었다.

우리는 회심할 때 복음을 깨닫고는 죄 사함을 받았다는 무한한 안도감을 느끼며 하나님의 가족이라는 새로운 신분을 얻는다. 우리는 그때 법적으로 무죄 선고를 받고, 자유롭게 법정을 떠난다. 그러나 그리스도인인 우리에게도 여전히 무의식 중에 복음의 은혜를 거부하려는 성향이 남아 있다. 그리스도 안에서 성장하려면, 칭의의 교리를 거듭 상기함으로써 사람들의 인정을 받으려는 그릇된 성향을 제거해야 한다. 우리는 회심할 때 법정 밖으로 나오지만, 제자직을 수행하는 내내 복음을 망각한 채 다시 그 안으로 들어가기를 반복한다.

2013년 8월, 나이지리아의 한 신문에 정확히 그런 우리의 그릇된 성향을 일깨우는 이야기가 하나 게재되었다.

한 재소자가 오웨리 고등법원에서 모든 혐의에 대해 무죄를 선고한다는 판사의 판결을 받은 후에 우스꽝스러운 작은 소동을 일으켰다. 그는 자유를 거부하며 구치소에 다시 들어가겠다고 말했다. 대개 무죄 판결을 받으면 환호성을 지르며 기뻐하는 것이 보통이지만, 그 재소자는 곧장 구치소로 되돌아가려고 했다. 간수는 그를 가로막으며 자유롭게 집으로 돌아가도 된다고 말했다. 그러나 보는 사람들이 민망하게도 그는 갈 곳이 없다면서 다시 구치소에 들어가도록 허락해 달라고 요구했다.

구치소로 다시 돌아가도록 허락해 달라는 재소자의 외침과 간청으로 고요한 법정에 소란이 일면서 작은 촌극처럼 보였던 것이 어처구니없는 소동으로 발전했다. 그는 몸부림을 치면서 몇몇 간수들과 실랑이를 했다. 목격자들의 말에 따르면, 자유를 선고받은 재소자를 법정 밖으로 내보내는 데 여섯 명의 간수와 법정 직원과 경찰관 등 많은 사람의 노력이 필요했다고 한다.[48]

이것이 우리 모두의 모습이다. 우리는 자유롭게 되었지만, '하나님의 법정에서 자기 힘으로 서기'라는 감옥으로 되돌아갈 방법을 끊임없이 찾는다. 건강한 그리스도인들은 최종적인 무죄 판결을 통해 얻은 안전한 신분을 계속해서 상기하는 훈련을 게을리하지 않는다. 우리는 이미 '하나님께 옳게 여기심을 받은' 상태다(살전 2:4).

우리의 감정 상태가 사람들이 우리를 대하는 태도에 그토록 자주 영향을 받는 이유를 알고 있는가? 우리가 학교 성적이나 근무 평가표나 우리의 가정과 자녀들에 대한 양가 부모들의 생각을 그토록 두려워하는 이유가 대체 무엇일까? 왜 사교 모임에 참석할 때마다 우리의 내면에서 불안감이 은근히 솟구치는 것일까? 심리학적이나 생리학적인 요인들 때문에 그런 현상이 나타나는 사람들도 더러 있겠지만, 문제를 지나치게 단순화하지 않도록 주의해야 한다.

---

48 "Home Is Where the Heart Is: Freed Inmate Refused to Leave Prison," 360nobs, July 19, 2013, http://360nobs.blogspot.com/2013/07/home-is-where-heart-is-freed-inmate.html을 보라.

근본적인 이유는 우리 자신도 모르는 사이에 칭의 교리에 대한 확신이 미약해지기 때문이다. 갈라디아서 2장 16절의 가르침이 마음 속에서 흐릿해질 때 두려움이 생겨나기 시작한다. 복음이 신앙생활로 진입하는 입구만이 아닌 기독교적 삶의 거실이라는 점을 깨달아야 한다. 칭의는 신앙생활을 점화하는 플러그가 아닌 그것에 동력을 공급하는 엔진이다. 아마도 우리 가운데 코셔라는 유대인의 음식 규정에 따라 음식을 먹고 싶었던 적이 있었다고 말할 사람은 거의 없을 테지만, 모두 자신의 마음만큼은 너무나도 잘 알고 있을 것이기 때문에 사람들에게 인정받기를 원하며 그것을 잃는 것을 두려워했던 베드로의 감정을 모른다고 말할 사람은 아무도 없을 것이 분명하다.

이렇듯 우리는 다른 사람들이 우리에 대해 생각하는 것의 총합이 곧 우리 자신이라는 의식을 축적하면서 살아가려는 경향이 있다. 우리는 살아가면서 우리에 대한 모든 평가를 통해 자의식을 구축한다. 우리는 심지어 우리가 그런 일을 하고 있다는 것조차 의식하지 못한다. 다른 사람들이 우리를 비난하고, 냉대하고, 무시하고, 조롱하는 것이 곧 우리의 정체성을 결정한다. 그런 것들이 우리를 형성한다. 따라서 우리는 계속해서 복음을 바라봐야 한다. 복음이 우리의 참된 현실이 되면, 우리의 마음을 옥죄던 욕구, 곧 사람들의 인정을 받으려는 생각이 사라진다. 다시 말해, 밤중에 베개를 베고 누워 사람들에게 인정받는 것으로 우리 자신의 가치를 평가하려는 행위가 중단된다. 칭의 교리는 우리를 미래에 있을 하나님의 심판은 물론, 현재에 진행 중인 사람들의 평가로부터도 우리를 자유롭게 한다.

내가 '무죄 선고'라는 제목으로 이번 장에서 말하려는 요점은 그리스도 안에서 성장하기를 원한다면, 힘들이지 않아도 우리 안에서 저절로 이루어지는 일(곧 우리의 삶에 대한 판결은 하나님 앞에서 우리가 의롭다 함을 받은 상태를 통해 결정적으로 이루어졌고, 우리의 감정적인 삶과 관계되는 문제나 일상 속에서 느끼는 온갖 압력을 처리하려면 또 다른 전략이나 방법이 필요하다는 생각)을 중단하라는 것이다. 만일 그렇게 생각한다면 우리의 삶은 온통 두려움에 휩싸일 수밖에 없다. 우리가 극도로 불안해하는 이유는 실패했을 때 곧바로 우리를 단죄하는 심리적 장치가 작동하기 때문이다. 우리는 직업적인 성공을 거두지 못하거나 존경하는 사람에게 좋은 인상을 주지 못하거나 이성 교제를 망치거나 시험을 잘못 보거나 실수를 할까 봐 두려워한다. 우리는 현실 속에서 성공하기를 간절히 바라고, 실패할까 봐 걱정한다. 왜 그럴까? 그 이유는 복음을 내적인 삶을 유지해주는 원동력이 아닌 출발점으로만 생각하기 때문이다. 우리는 "복음의 진리를 따라" 행하지 않는다. 우리는 이신칭의 교리의 엄청난 위력이 사람들의 인정을 바라는 우리의 그릇된 성향을 깨뜨리도록 허용하지 않는다. 우리는 스스로 부족하다고 느끼고 우리의 의로움을 입증하기 위해, 곧 우리의 상태가 괜찮다는 것을 확인하기 위해 경력을 추구하고, 관계를 맺고, 공부를하고, 운동 능력을 키우고, 화술을 연마하는 등, 열심히 노력한다.

그러나 우리가 면접을 보고, 대화를 나누고, 교실에 들어가고, 운동 경기를 하기 전에 이미 괜찮은 상태라면 어떻게 할 것인가? 우리는 의롭다 함을 받았다. 단지 신학적으로만이 아닌 감정적으로도, 생각만이 아닌 마음으로도 이미 그렇게 된 상태다. 우리는 세상을 뒤흔들 사람들이다. 장로교 신학자 그레샴 메이첸은 1925년에 이런 사실을 감동적으로 묘사했다.

나는 오늘날에도 '이신칭의의 교리'를 전하는 것을 조금도 부끄럽게 생각하지 않는다. 이 교리를 이론적인 교리로 생각해서는 안 된다. 오히려 이 교리는 원초적 생명력을 지닌다. 이것은 인간의 영혼이 제기한 가장 큰 인격적인 물음, 곧 "내가 어떻게 하나님과 올바른 관계를 맺을 수 있을까? 내가 어떻게 하나님 앞에 설 수 있을까? 하나님은 내게 어떤 호의를 베푸실까?"라는 물음에 대한 대답이다.

물론, 그런 물음을 한 번도 제기하지 않는 사람들도 있다. 그들은 사람들 앞에서의 신분에 관한 문제에만 몰두할 뿐, 하나님 앞에서의 신분에 관해서는 아무런 관심도 기울이지 않는다. 그들은 사람들이 말하는 것에만 관심이 있을 뿐, 하나님이 뭐라고 말씀하실까를 묻지 않는다. 그러나 그런 사람들은 세상을 움직이는 사람들이 아니다. 그들은 시류를 좇아가는 경향이 있다. 그들은 다른 사람들이 하는 대로 따라 하기를 좋아한다. 그들은 인류의 운명을 바꿀 수 있는 영웅들이 아니다.[49]

---

49 J. Gresham Machen, *What Is Faith?* (repr., Grand Rapids, MI: Eerdmans, 1979), 163.

칭의와 우상 숭배

우리가 지금까지 말한 것은 사실 우상 숭배다. 우상 숭배는 이신칭의와 정반대다. 사람들의 인정은 흔한 우상 가운데 하나다. 우리는 억지로라도 영혼을 안심시킬 요량으로 우리의 상태가 괜찮고, 또 우리가 중요한 존재인지를 알게 해줄 최종 판결을 구하기 위해 수많은 거짓 신들을 찾는다. 아래의 질문들을 생각해 보면, 우리가 어떤 우상들을 섬기고 있는지 알 수 있을 것이다.

* 깨어 있는 상태로 잠자리에 누워있을 때 무슨 생각이 떠오르는가?
* 돈을 어디에 주로 소비하는가?
* 다른 사람들의 어떤 것을 보면 질투심을 느끼는가?
* 하나님이 오늘 나타나서 "너는 그것은 절대로 갖지 못할 것이다."라고 말씀하신다고 가정해 보자, '그것'이 무엇이라면 더는 살 가치가 없을 것 같은 생각이 드는가?
* 기혼자라면, 배우자로부터 어떤 말을 들을 때 무시당하는 느낌이 드는가?
* 어떤 삶의 조건이 만족되었을 때 비로소 걱정거리가 사라지고 마음이 편해지는가(신학적인 대답이 아닌 마음에서 우러나오는 대답을 적으라)?
* 성경 어디에도 약속되지 않았는데도 은밀히 구하는 것이 있다면 무엇인가?

이 질문들에 대답했다고 해서 우리의 마음속에 있는 우상들이 반드시 드러나는 것은 아니지만, 그리스도와 복음의 포괄적인 위로를 밀쳐내고 우리의 충성심을 사로잡으려고 경쟁하는 것이 무엇인지는 어느 정도 파악할 수 있다. 우상 숭배란 선물을 향해 선물을 주는 자가 되어 달라고 말하는 어리석음을 가리킨다.

내가 말하려는 요점은 이것들이 칭의와 관련된 문제라는 것이다. 우상 숭배는 간단히 말해 거짓 칭의다. 우상 숭배는 하나님이 아닌 피조물에게 나에 대한 판결을 내려달라고 요구하는 것이다. 우리는 "내가 저것을 얻는다면, 목표를 이루고, 모든 것을 마음대로 할 수 있을 거야."라고 생각한다. 문제는 우상들이 복음과는 달리 가라앉지 않는 가려움증을 유발한다는 것에 있다. 긁을수록 더 가렵다. 우상은 쫓아갈수록 점점 뒤로 물러나기 때문에 도무지 붙잡을 수가 없다. 어쩌다가 드물게 우리가 갈망하던 우상을 손에 넣었더라도 그것이 공허하고, 무의미하기 짝이 없다는 것을 발견하고 놀라게 될 뿐이다. 이 세상의 거짓 칭의는 모두 겉만 번지르르할 뿐이다. 얻었더라도 불행만 가중될 따름이다. 그것들은 미끼가 달린 낚싯바늘과 같다. 물면 고통만 느껴진다.

우리는 대개 내면의 깊은 부족함, 곧 무엇인가가 모자란다는 느낌을 받으며 살아간다. 우리는 늘 뇌리에서 떠나지 않는 그런 불만족스러운 느낌에서 벗어나기 위해 재물을 쌓고, 얼굴과 몸을 조각상처럼 가꾸고, 소셜 미디어의 팔로워 숫자를 늘리고, 좋은 평판을 쌓고, 멋진 배우자를 얻고, 유명한 사람을 친구로 사귀고, 유머 감각을 기르고, 지성적인 외양을 갖추고, 정치적으로 남들보다 한발 앞서 상대방을 제압하고, 성적인 쾌락을 즐기고, 번듯한 도덕적 이력을 쌓으려고 한다. 우리는 우리의 벌거벗음을 의식하고, 그런 업적으로 '옷을 입으려고' 애쓴다. 우리는 그런 것들로 의롭다 함을 받으려고 노력한다. 갈라디아 신자들이 그리스도를 구원자로 인정하면서도 할례를 받아야만 칭의가 더욱 강화될 것이라는 생각으로 복음을 무력하게 만들었던 것처럼, 우리도 그리스도를 구원자로 인정하면서도 우리가 좋아하는 우상을 섬김으로써 복음을 무력화시킨다.

모든 우상은 인간이 만든 것이다. 거짓 칭의도 모두 우리가 고안한 것이다. 그러나 하나님은 자신이 원하시는 칭의를 우리에게 제시하셨다. 그것은 예수 그리스도로 말미암은 속죄의 판결이다. 우리는 단지 그것을 받아들일 수 있을 뿐이다. 그것에 무엇을 더하는 것은 그것을 감하는 것과 같다. 우리는 신뢰하는 믿음으로 그것을 받아들여야 한다. 그러면 하나님이 친히 우리를 의롭게 하신다. 우리의 의로움과 정체성과 중요성은 우리의 손에 달려 있지 않다.

내게 이런 사실을 깨우쳐준 사람은 다름 아닌 마르틴 루터였다. 그는 자신의 글에서 십계명의 첫 번째 계명이 우상 숭배를 금지하고 있다는 것을 여러 차례 지적했다. "너는 나 외에는 다른 신들을 네게 두지 말라"(출 20:3). 루터는 첫 번째 계명이 본질적으로 이신칭의(하나님을 통해 의롭다 함을 받는 것)를 가르치고 있다고 설명했다. 소극적으로는 우상 숭배를 피해야 하고, 적극적으로는 하나님을 믿어야 한다. 우상은 단지 우리가 경배하는 문제에 그치지 않고 더 깊숙하게는 우리가 신뢰하는 것과 관련된 문제다(시 115:4-8). 결국, 첫 번째 계명을 어기지 않고서 나머지 아홉 가지 계명만 어길 수는 없는 법이다. 예를 들어, 간음을 저지르는 것은 첫 번째와 일곱 번째 계명을 어기는 것이다. 간음하는 자는 성행위를 자신을 만족시켜줄 우상으로 신뢰하는 것이기 때문이다. 그것은 우리의 존재, 우리의 칭의를 하나님의 손에 맡기지 않는 행위다. 도둑질하는 것은 첫 번째 계명과 여덟 번째 계명을 어기는 것이다. 도둑질하는 행위는 자신에게 필요한 것을 공급하시는 하나님을 신뢰하지 않는 것이다. 그것은 오직 그분만을 신뢰하는 태도가 아니다. 다른 계명들을 어기는 경우도 마찬가지다.[50]

의롭다 함을 받은 상태의 충만함을 의식하며 살아가라. 첫 번째 계명을 존중하라. 우상 숭배자가 되지 말라. 예수 그리스도께서 나를 옷 입혀 주고, 의롭게 하고, 영예롭게 해주시기를 바라라. 그분만이 그렇게 해주실 수 있다.

세 가지 구체적인 사례

지금까지 논의한 내용은 모두 상당히 이론적이다. 따라서 우리가 논의한 진리가 역사 속의 세 인물을 통해 개인적으로 어떻게 경험되었는지를 구체적으로 보여줌으로써 이번 장을 마무리하고 싶다. 그들은 바로 마르틴 루터(1483-1546), C. S. 루이스(1898-1963), 프란시스 쉐퍼(1912-1984)다.

---

50 Martin Luther, "A Treatise on Good Works," *in The Christian in Society I, in Luther's Works*, ed. Jaroslav Pelikan and Helmut T. Lehmann, 55 vols. (Philadelphia: Fortress, 1955 – 1986), 44:30 – 34.

이번 장에서 루터는 이미 몇 차례 언급한 바 있다. 그의 책들은 아무 데나 펼쳐 들고 읽기 시작해도 그가 복음의 위로, 특히 칭의를 그리스도인의 삶과 성장을 위한 본질적인 요소로 간주하고 있다는 사실을 곧 알 수 있다. 루터는 초창기에 수도사로 생활했다. 그는 그 기간에 기도하고 일하면서 단순하게 살았다. 그는 수도원의 마룻바닥을 깨끗하게 청소하면서 양심의 더러움을 함께 씻어내려고 노력했다. 그러나 그는 그렇게 할 수가 없었다. 사실, 그렇게 할 수 있는 사람은 아무도 없다. 양심은 인간의 공로와 상관없이 그리스도께서 이루신 사역에 근거해 의에 주린 마음으로 믿음의 빈손을 내밀어 무죄 판결을 선고받기 전까지는 잠잠해지지 않는다.

루터는 신약성경을 통해 복음을 깨달았다. 그는 인간의 마음에 행위를 통해 의를 얻으려는 강력한 성향이 도사리고 있는 것을 발견했다. 그는 모든 사람이 행위를 통해 하나님의 은혜를 얻으려는 성향을 지니고 있기 때문에 우리의 그릇됨뿐만 아니라 선함마저도 회개해야 한다는 특별한 통찰력을 얻었다. 인간의 힘으로 공로를 세워야만 하나님 앞에 설 수 있다는 은밀하고도 강한 성향이 그에게도 깊이 뿌리박혀 있었고, 로마 가톨릭교회도 그런 입장을 견지했지만, 그는 그것이 성경과 정면으로 배치된다는 사실을 깨달았다. 예를 들어, 루터는 요한복음 14장 6절("내가 곧 길이요")을 설교하면서 이렇게 말했다.

그리스도께서는 우리가 걷기 시작해야 할 길일 뿐 아니라 끝까지 걸어가야 할 안전하고, 올바른 길이시다. 우리는 이 길에서 벗어나면 안 된다…그리스도께서는 "네가 나를 믿음으로 이해했다면 너는 올바른 길에 들어선 셈이다. 그 길은 확실하다. 그러나 너는 그 길에 머무르며 계속해서 걸어가야만 한다."고 말씀하고 싶어 하신다…그리스도께서는 우리의 마음을 다른 것들에서 떼어내 돌이키게 하고, 오직 자기에게만 붙들어 매기를 원하신다.[51]

루터는 특히 갈라디아서 주석을 통해 일평생 복음의 값없음에 마음이 고정되어 있어야 할 필요성을 역설했다. 그는 갈라디아서 1장 6절("그리스도의 은혜로 너희를 부르신 이를 이같이 속히 떠나 다른 복음을 따르는 것을 내가 이상하게 여기노라")을 주석하면서 이렇게 말했다.

칭의는 부서지기 쉽다. 물론, 칭의 자체가 그렇다는 뜻은 결코 아니다. 칭의는 가장 확실하고 분명하다. 그것은 단지 우리 자신과 관련해, 곧 우리의 내면에서 그렇다는 뜻이다. 내가 직접 그런 경험을 해보았다. 나는 갑작스레 복음과 은혜의 빛을 잃을 때가 많다. 마치 두꺼운 먹구름이 그것을 가리는 것처럼 느껴진다. 나는 우리가 아무리 경험이 많고, 또 믿음 안에 굳게 서 있더라도 우리가 서 있는 곳이 미끄러운 곳이라는 사실을 잘 알고 있다…따라서 충실한 사람이라면 누구나 이 교리를 배우고, 굳게 간직하려고 노력해야 한다. 그 목적을 위해 진정한 마음으로 겸손히 기도하고, 말씀을 배우고, 항상 묵상해야 한다.[52]

---

51 Martin Luther, *Sermons on the Gospel of St. John 14–16*, in *Luther's Works*, 24:47 – 48, 50.

52 In Alister McGrath and J. I. Packer, eds., *Galatians by Martin Luther*, Crossway Classic

C. S. 루이스가 만년에 복음을 깨달은 일은 비교적 잘 알려지지 않은 사실이다. 우리 가운데 많은 사람이 그의 유명한 대화, 뛰어난 문학적 업적, 그의 문학 토론회(잉클링스) 및 동료들과의 광범위한 서신 왕래, 성공회 고교회주의, 너무나도 짧았던 결혼 생활에 관해 알고 있다. 그러나 그가 복음을 통한 용서의 현실을 깨닫고 결정적이고, 항구적인 변화를 경험했다는 사실을 알고 있는 사람은 얼마나 될지 궁금하다.

그 일은 1951년 4월 25일에 일어났다. 그해 말, 루이스는 자신과 서신을 교환하기 시작했던 한 이탈리아 사제에게 편지를 한 통 써 보냈다. 그는 전에 이탈리아어로 번역된 루이스의 《스크루테이프의 편지》를 읽고서 영어를 몰랐기 때문에 라틴어로 루이스에게 감사의 편지를 써 보낸 적이 있었다. 두 사람은 그 후 몇 년 동안 그런 식으로 편지를 주고받았다. 루이스는 1951년 12월에 그에게 편지를 띄워 이렇게 말했다.

지난 한 해 동안, 제게 큰 기쁨이 임했습니다. 말로는 설명하기 어렵지만 그래도 한 번 해보겠습니다. 참으로 놀랍게도, 우리는 마음으로는 실제로 믿지 않으면서 마치 믿는 것처럼 생각할 때가 있습니다.

저는 오랫동안 제가 죄 사함을 믿는다고 생각해 왔습니다. 그러나 이 진리가 갑자기(성 마가의 날에) 제 마음속에 떠올랐으며 전에는 한 번도 (많

Commentaries (Wheaton, IL: Crossway, 1998), 57 - 58.

은 고해와 사면을 거쳤지만) 그것을 진심으로 믿지 않았다는 것을 인식하게 되었습니다.

지성을 통한 단순한 확언과 골수에 박힌 믿음의 차이는 너무나도 큽니다. 그 믿음은 뚜렷하기 때문에 사도는 그것을 "실상"으로 일컬었습니다.

아마도 제게 이 구원이 주어진 것은 당신이 저를 위해 중보 기도를 드려주신 덕분일 것입니다.

따라서 저는 평신도가 사제에게, 또는 젊은이가 노인에게 좀처럼 해서는 안 될 말을 하고 싶은 용기가 생겼습니다(때로는 '젖먹이들의 입으로' 말씀할 때도 있는 법이지요. 사실, 한때는 나귀의 입을 통해 발람에게 말씀이 주어진 적도 있었습니다). 제가 말하려는 것은 이것입니다. 신부님은 자신의 죄를 너무 많이 언급하십니다. (가장 존경하는 신부님, 죄송스럽지만) 겸손이 지나쳐 불안감이나 슬픔으로 바뀌지 않도록 주의하시라고 말씀드리고 싶습니다. 우리에게는 '기뻐하라, 항상 기뻐하라'라는 명령이 주어졌습니다. 예수님은 우리를 거스르는 법조문의 증서를 없애주셨습니다. 우리의 마음을 높이 듭시다.[53]

C. S. 루이스가 한 말이라고는 믿기지 않을 정도로 놀라운 말이 아닐 수 없다. 당시에 그의 나이가 쉰다섯 살이었다는 사실을 생각하면 특히 더 그렇다. 어떤 사람은 복음을 일시적으로 새롭게 깨달

---

53 C. S. Lewis, *The Collected Letters of C. S. Lewis*, vol. 3, *Narnia, Cambridge, and Joy, 1950–1963*, ed. Walter Hooper (San Francisco: HarperOne, 2007), 151–52.

은 것일 뿐, 그 이상도, 그 이하도 아니라고 생각할지도 모른다. 그러나 그가 그 몇 년 동안 쓴 편지들을 모두 세밀하게 읽어보면, 그것이 그의 인생 가운데 결정적인 순간이었다는 사실을 알 수 있다. 그 이유는 그런 경험이 있은 지 몇 년이 지난 후에도 그가 여전히 편지들을 통해 그때의 일을 여러 차례 언급했기 때문이다.

예를 들어, 그는 1954년에 '제섭 부인'(Mrs. Jessup)에게 보낸 편지에서 1951년의 경험을 "죄 사함의 교리를 단순히 지성적으로 받아들인 데서부터 실제로 깨달은" 혁신적인 변화로 일컬으면서 "아마도 이것이 제게 일어난 가장 행복한 일일 것입니다. 모든 것이 회심으로 끝난다고 생각한다면, 그것은 기독교를 잘 모르는 것입니다."라고 덧붙였다.[54]

그는 1956년에 메리 반 듀슨에게 보낸 편지에서도 "저는 오래전에 그 교리에 동의했고, 그것을 믿는다고 말하곤 했습니다. 그런데 어느 복된 날에 갑자기 그것이 제게 사실로 다가와서는 제가 전에 '믿음'(belief)으로 일컬었던 것이 전혀 비현실적인 것이었음을 깨닫게 되었습니다."라는 말로 복음을 회고했다.[55]

루이스는 1958년에 메리 쉘번에게 보낸 편지에서는 "저는 죄 사함의 교리를 믿기 전에도, 좀 더 정확하게 말하면 나의 이론적인 신앙이 내게 현실이 되기 전에도 오랫동안 그리스도인으로 지내 왔습

54 *Lewis, Collected Letters*, 3:425
55 *Lewis, Collected Letters*, 3:751; emphasis original.

니다."라고 말했다.[56] 그는 이듬해에 그녀에게 다시 편지를 띄워, 우리가 용서받을 자격이 없다는 감정상의 어려움을 토로한 그녀의 말에 이렇게 대답했다.

우리가 용서받을 자격이 없다고 느낀다는 말인가요? 물론, 우리는 그럴 자격이 없지만, 용서란 본질상 자격이 없는 사람들을 위한 것입니다. 아마도 우리가 용서받지 못했다고 느낀다는 의미일 테지요. 저도 그런 느낌을 잘 알고 있습니다. 저는 하나님의 용서가 제게 현실이 되기 전까지 오랫동안 그것을 이론적으로 믿었습니다. 그것이 현실이 되는 것은 참으로 놀라운 순간이 아닐 수 없습니다.[57]

이 모든 사실이 놀라운 이유는 두 가지다. 첫째, 루이스는 1951년의 경험 이후로 고작 12년밖에 더 살지 못했다. 그리고 그때는 이미 그가 자신의 책들 가운데 대부분을 저술한 상태였다. 그러나 그때가 되어서야 복음의 용서가 그의 삶에 실제로 들어왔다. 둘째, 루이스는 남은 생애 동안 당시의 경험을 여러 차례 언급했다. 그것은 일시적인 사건이 아니었다. 그것은 그의 삶의 전환점이었다.

프란시스 쉐퍼도 회심 이후에 그와 비슷한 방식으로 복음을 발견했다. 그 발견으로 인해 그의 삶과 사역은 혁신적으로 달라졌다. 쉐퍼의 경험도 루이스처럼 1951년에 일어났다. 당시 그는 서른아

---

56 Lewis, *Collected Letters*, 3:935; emphasis original.
57 Lewis, *Collected Letters*, 3:1064; emphasis original.

홉 살로 루이스보다는 어렸다. 그와 그의 아내 에디트는 스위스에 살고 있었다. 그는 당시의 경험을 이렇게 묘사했다.

나는 영적 위기에 직면했다. 나는 오래전에 불가지론을 버리고 그리스도인이 되었고, 그 후에는 미국에서 10년 동안 목회자로 활동했다. 그러고 나서는 아내 에디트와 함께 유럽에서 수년 동안 사역했다. 당시 나는 역사적인 기독교의 입장과 가시적인 교회의 순수성을 옹호해야 할 강한 부담감을 느꼈다. 그러나 차츰 내게 한 가지 문제, 곧 현실의 문제가 대두되었다. 이 문제는 두 부분으로 나뉘었다. 첫째는 정통주의 입장을 표방하는 많은 사람들 가운데서 성경이 기독교의 결과로 나타나야 한다고 그토록 분명하게 말씀하는 것들이 현실적으로 나타나 있지 않은 것처럼 보인다는 것이고, 둘째는 나에게서도 내가 처음 그리스도인이 되었던 때와 비교할 때 그런 것들이 덜 현실적으로 나타나고 있다는 생각이 차츰 강해지기 시작했다는 것이다. 나는 정직하게 다시 처음으로 돌아가서 나의 전체적인 입장을 재고해야 할 필요성을 깨달았다.

우리는 당시에 참페리에 살고 있었다. 나는 아내에게 내가 불가지론자였던 시절까지 정직하게 되짚어 올라가면서 전체적인 문제를 숙고해야겠다고 말했다. 아내는 그 당시에 나를 위해 열심히 기도했을 것이 분명하다. 나는 날씨가 맑을 때는 산속을 걸었고, 비가 올 때는 우리가 사는 낡은 목조 주택의 건초 다락을 왔다 갔다 거닐었다. 나는 기도하며 걸으면서 성경이 가르치는 것을 곰곰이 생각했고, 내가 그리스도인이 된 이유를 재점검했다.

나는 그리스도인이라는 현실에 관한 성경의 가르침을 세밀하게 살펴보았다. 그러자 내가 그리스도인이 된 이후에 받았던 모든 가르침에도 불구하고 그리스도께서 이루신 사역이 우리의 현재적 삶에 미치는 의미를 다룬 성경의 가르침에 관해 거의 아무것도 들은 것이 없다는 사실이 차츰 분명해졌다. 태양이 서서히 모습을 드러내고, 노래가 흘러나왔다. 흥미롭게도, 시를 쓰지 않은 지 무척 오래되었지만, 기쁨과 노래가 넘치자 다시 내게서 시가 흘러나오기 시작했다.[58]

쉐퍼는 정체된 상태였다. 그의 기쁨은 메말랐고, 기독교의 생명력을 근본적으로 의심했다. 그는 무엇으로 그런 상태를 극복했을까? 바로 복음(오직 그리스도께서 십자가에서 이루신 사역을 통해 우리의 죄책이 단번에 사라져 의롭게 되었다고 가르치는 단순하면서도, 놀라운 복음)의 재발견이었다. 그는 그것을 통해 기독교의 진리에 관한 생각을 사상적으로 재확립하고, 새로운 삶을 꽃피울 수 있게 되었다. 그에게서 다시금 시가 흘러나왔고, 그의 마음에 새로운 활력이 넘쳐났다. 성경에 근거한 경험이 그의 가르침과 제자 훈련의 핵심이 되었다. 그는 기독교적 삶을 다룬 《진정한 영적 생활》에서 "나는 그리스도께서 이루신 사역을 근거로 믿음을 통해 단번에 그리스도인이 되었다. 그것이 곧 칭의다. 그러나 기독교적 삶, 즉 성화는 그 근거는 똑같지만, 매 순간 이루어진다."라고 말했다.[59]

---

58 Francis A. *Schaeffer, True Spirituality* (Carol Stream, IL: Tyndale, 1971), xxix – xxx.
59 Schaeffer, *True Spirituality*, 70.

복음의 현실은 위의 세 사람 모두에게 변화를 일으키는 인격적인 진리였다. 그들은 그것을 단지 신학의 주제로만 다루지 않았다. 내가 의도적으로 이 세 사람을 선정한 이유는 그들이 기독교 안에 존재하는 서로 다른 세 가지 노선을 대표하기 때문이다. 첫 번째 인물은 독일인이자 루터교의 창시자였고, 두 번째 인물은 영국인이자 성공회 고교회주의자였으며, 마지막 인물은 미국 장로교 신자였다. 더욱이 그들은 제각기 독특한 특성과 강조점을 지닌 사역을 통해 교회에 크게 기여했다. 그들은 회심 이후에 해방을 가져다주는 복음의 진리를 새롭게 발견했다. 그들은 단지 우리가 모방해야 할 본을 남기는 것으로 그치지 않았다. 우리도 그들이 다가갔던 근원지, 곧 예수 그리스도를 통해 하나님의 무죄 선고를 받는다는 성경적인 가르침과 하나님의 말씀인 성경을 향해 나아갈 수 있다.

그리스도 안에서 성장하고 싶은가? 그렇다면, 복음을 떠나지 말고, 그 안으로 더 깊숙이 들어가라. 밖에서 값없이 이루어진 칭의가 안에서 이루어지는 성화를 촉진하는 가장 중요한 요소 가운데 하나다.

6

정직함

지금까지 성장의 문제와 관련해 하나님과 우리 사이에서 일어나는 일들에 관해 생각해 보았다. 이런 수직적인 현실에 수평적인 현실을 결합하는 것이 필요하다. 그리스도인은 위로는 하나님과 관계를 맺고 있고, 밖으로는 다른 그리스도인들과 관계를 맺고 있다.

성경에 따르면, 독립적인 그리스도인은 아무런 의미가 없다. 성경은 신자들을 그리스도의 몸으로 일컫는다. 이것은 많은 사람에게 익숙한 비유이지만, 그것이 정확히 무슨 의미인지를 생각해봐야 할 필요가 있다. 우리는 다른 모든 신자와 유기적으로 결합한 상태로 그리스도 안에서 살아간다. 건강한 육체 안에서 근육과 힘줄이 서로 밀접하게 연결되어 있는 것처럼, 그리스도 안에 있는 사람은 다른 신자들과 긴밀하게 연관되어 있다. 마트나 교회 복도에서 다른 그리스도인과 마주치는 것은 한 몸에 붙어서 하나의 머리를 통해 통제되는 손과 발이 서로 마주치는 것과 같다. 그들은 성별도, 인종도, 성격도, 나이도 제각각 다를 수 있지만, 인종이나 유전자가 같지만 그리스도인이 아닌 형제나 자매보다 훨씬 더 긴밀하게 연관되어 있다. C. S. 루이스는 이렇게 말했다.

하나의 유기체에 속했는데도 서로 매우 다른 지체들도 있고, 하나의 유기체에 속하지 않았는데도 서로 매우 흡사한 지체들도 있다. 6페니의 동전들은 생김새는 같지만 서로 동떨어져 존재하고, 나의 코와 폐는 생김새는 다르지만 내 몸의 살아있는 지체로서 생명을 공유하고 있다. 기독교는 개인들을 단지 한 단체에 속한 회원들이나 하나의 목록을 구성하는 아이템으로만 보지 않고 몸의 장기들로 간주한다.[60]

사도들이 그리스도인들을 그리스도의 몸으로 일컬은 이유 가운데 하나는 몸이 성장하고 성숙해지는 것처럼 그리스도인들도 성장하고 성숙해져야 한다는 가르침을 전하기 위해서였다. "범사에 그에게까지 자랄지라 그는 머리니 곧 그리스도라 그에게서 온몸이 각 마디를 통하여 도움을 받음으로 연결되고 결합되어 각 지체와 분량대로 역사하여 그 몸을 자라게 하며 사랑 안에서 스스로 세우느니라"(엡 4:15-16).

성경은 우리가 성장하려면 동료 그리스도인들과 서로 상호작용해야 한다고 가르친다. 이번 장에서는 특별히 중요한 신약성경의 가르침 하나를 다루고 싶다. 집단적 차원에서 그리스도 안에서의 성장에 가장 큰 영향을 미치는 것은 다름 아닌 '정직함'이다.

---

60 C. S. Lewis, *Mere Christianity* (1952; repr., New York: Touchstone, 1996), 161.

빛 가운데 행하라

만일 내가 "빛 가운데 행하라"고 권고한다면, 그것이 무슨 의미일 것 같은가? 도덕적으로 순결하게 살라는 의미일 것 같은가? 합리적인 생각일 수 있다. 그러나 만일 내가 "빛 가운데 행하라"를 요한 사도의 의도대로 말했다면, 그런 의미와는 전혀 다를 것이다. 요한일서 1장의 말씀을 읽어보자.

"우리가 그에게서 듣고 너희에게 전하는 소식은 이것이니 곧 하나님은 빛이시라 그에게는 어둠이 조금도 없으시다는 것이니라 만일 우리가 하나님과 사귐이 있다 하고 어둠에 행하면 거짓말을 하고 진리를 행하지 아니함이거니와 그가 빛 가운데 계신 것 같이 우리도 빛 가운데 행하면 우리가 서로 사귐이 있고 그 아들 예수의 피가 우리를 모든 죄에서 깨끗하게 하실 것이요 만일 우리가 죄가 없다고 말하면 스스로 속이고 또 진리가 우리 속에 있지 아니할 것이요 만일 우리가 죄를 자백하면 그는 미쁘시고 의로우사 우리 죄를 사하시며 우리를 모든 불의에서 깨끗하게 하실 것이요 만일 우리가 범죄하지 아니하였다 하면 하나님을 거짓말하는 이로 만드는 것이니 또한 그의 말씀이 우리 속에 있지 아니하니라"(5-10절).

본문의 핵심 구절은 7절이다. "그가 빛 가운데 계신 것 같이 우리도 빛 가운데 행하면 우리가 서로 사귐이 있고 그 아들 예수의 피가 우리를 모든 죄에서 깨끗하게 하실 것이요."

이 본문이 도덕적 순결을 권고하고 있는가? 물론, 성경은 "진실하여 허물없이"(빌 1:10), "네 자신을 지켜 정결하게 하라"(딤전 5:22), "신중하며 순전하라"(딛 2:5)와 같은 가르침을 전한다. 요한 사도도 신자들에게 "나의 자녀들아 내가 이것을 너희에게 씀은 너희로 죄를 범하지 않게 하려 함이라"(요일 2:1)라는 말로 그런 바람을 드러냈다. 언뜻 생각하면, 이것이 "빛 가운데 행하라"(요일 1:7)는 말씀의 요지인 것처럼 보인다. 사실, "그가 빛 가운데 계신 것 같이 우리도 빛 가운데 행하면"이라고 말했으니 하나님이 도덕적으로 순결하신 것처럼 우리도 순결한 삶을 살아야 한다는 뜻으로 이해해야 할 것 같은 생각이 들 법도 하다.

그러나 본문의 요점은 다른 곳에 있다. 요한의 말은 그보다 훨씬 더 깊은 의미를 지니고 있다. 본문에서 빛 가운데 행한다는 말은 다른 그리스도인들에게 정직하라는 뜻이다.

전후 문맥이 강조하는 것에 주목하라. "만일 우리가 죄가 없다고 말하면 스스로 속이고"(1:8). 요한은 그렇게 말하고 나서 우리의 죄를 고백하는 것, 곧 우리의 실패를 솔직하게 인정하라고 말했다. "만일 우리가 죄를 자백하면…"(1:9). 그런 다음, 10절은 다시 "만일 우리가 범죄하지 아니하였다 하면 하나님을 거짓말하는 이로 만드는 것이니"라는 말로 8절의 요점을 되풀이했다. 빛 가운데 행한다는 것은 우리의 죄를 고백하는 것이고, 어둠 가운데 행한다는 것은 우리의 죄를 숨기는 것이다. 본문에서 빛 가운데 행한다는 말의 주안점은 죄를 피하는 것이 아닌 인정하는 것에 있다. 7절도 그리스도의 피로 깨끗함을 받는다는 확신으로 끝을 맺는다. 바로 앞에서 언급된 "빛 가운데 행하라"라는 말씀이 죄를 고백하는 의미라면 이 것과 자연스럽게 연결된다.

내가 이번 장에서 말하려는 요점은 고통스럽고, 부끄럽지만 해 방감을 가져다주는 과정, 곧 우리의 실패를 은밀한 어둠 속에 감추 지 말고, 동료 그리스도인에게 솔직하게 고백해 밝히 드러내는 과 정을 거치지 않으면 영적으로 성장하기 어렵다는 것이다. 우리의 죄는 어둠 속에서는 더욱 왕성해지고 갈수록 악화되지만, 빛 가운 데서는 말라 죽고 만다. 이처럼, 빛 가운데 행하라는 것은 하나님과 다른 사람들에게 정직하라는 뜻이다.

디트리히 본훼퍼의 《성도의 공동생활》은 빛 가운데 행하는 삶을 다룬 고전이다. 그가 한 장의 제목을 "고백과 교제"로 정한 이유는 이 두 가지 수평적인 현실이 유기적으로 연결되어 있다는 것을 보 여주기 위해서였다. 그는 다음과 같은 말로 그 장을 시작했다.

자기 죄를 혼자 간직하고 있는 사람은 완전히 홀로 있는 상태다. 그리스 도인들은 집단 예배와 공동 기도와 모든 교제에도 불구하고 여전히 혼 자일 수 있다. 참된 교제를 향한 마지막 획기적인 전진이 이루어지지 않 는 이유는 불경건한 죄인의 모습으로는 교제를 나누지 않고, 경건한 신 자의 모습으로만 교제를 나누기 때문이다. 경건한 교제는 누구도 죄인 이 되는 것을 용납하지 않는다. 따라서 모든 사람은 자신의 죄를 자기와 다른 사람들에게 숨겨야 한다. 아무도 죄인이 되어서는 안 된다. 의로운 자들 가운데서 갑작스레 죄인이 발견되면 소스라치게 놀라는 그리스도 인들이 많다. 결국, 우리는 각자 자신의 죄를 홀로 간직한 채 위선과 거

짓의 삶을 살아간다.[61]

교만과 두려움을 떨치지 못한 채 죄를 숨기면, 그리스도 안에서의 성장은 답보 상태에 머물 수밖에 없다. 우리가 이론상의 죄인이 아닌 실제적인 죄인이라는 것을 자백해야만 성장할 수 있다. 그리스도인인 우리는 우리가 죄인이라는 것을 일반적으로 인정한다. 솔직한 태도로 다른 사람에게 자신이 어떤 죄인인지를 정확하게 말하는 그리스도인은 훨씬 드물다. 하지만 생명이 꽃을 피우려면 그런 정직함이 필요하다.

두 종류의 부정직

동료 그리스도인들을 부정직하게 대하는 태도는 크게 둘로 나뉜다. 하나는 명시적인 부정직이고, 다른 하나는 암묵적인 부정직이다. 명시적인 부정직은 노골적인 거짓말, 곧 로마서를 단 한 구절도 암기하지 못했으면서 그것을 전부 암기했다고 말하는 것과 같은 거짓말을 뜻한다.

그러나 암묵적인 부정직은 그보다 훨씬 더 흔하고, 교묘하다. 이것은 도덕적인 성공을 거두지도 않았는데 마치 그런 것처럼 외양을 꾸미는 것을 말한다. 빛 가운데 행한다는 것은 이 두 가지 부정직

---

61 Dietrich Bonhoeffer, *Life Together, trans.* J. W. Doberstein (New York: HarperCollins, 1954), 110.

가운데 두 번째의 것과 대척된다. 빛 가운데 행한다는 것은 겉모습을 꾸미고, 실체를 가리고, 가면을 쓰고, 그럴싸하게 행세하려는 태도를 제거한다. 그것은 모든 것을 투명하게 드러내는 것이다.

우리는 이를 본능적으로 거부하려는 성향이 있다. 그렇게 하느니 차라리 죽는 것이 낫다는 생각이 들 때도 있다. 사실, 빛 가운데 행한다는 것은 일종의 죽음을 의미한다. 마치 우리의 인격 전체, 곧 우리의 자아가 녹아 없어지는 것처럼 느껴지고, 다른 그리스도인들 앞에서 체면과 품위가 손상된다. 본회퍼는 "죄를 구체적으로 고백하면, 옛 사람이 형제의 눈앞에서 고통스럽고, 수치스러운 죽음을 맞는다."라고 말했다.[62] 태어나기를 두려워하는 태아, 곧 환한 세상 속으로 나오기를 거부하며 어둡고, 따뜻한 모태 속에 머물러 있기를 원하는 태아가 있다면 뭐라고 말하겠는가? 당연히 "그곳에 그대로 있으면 너는 죽을 거야. 살아서 성장하려면 빛으로 나와야 해." 라고 말하지 않겠는가?

우리 가운데는 신앙생활에 지쳐 피로와 절망감을 느끼며 힘겨워하는 사람들이 있다. 그들은 강력한 복음 신학이 있는데도 불구하고 성장을 멈춘 채 비틀거린다. 요한일서 1장 7절을 도외시하기 때문이 아닐까? 어둠 속에서 영적으로 성장하기를 바라는가? 당신이 죄인이라는 것을 일반적으로가 아닌 구체적으로 아는 사람이 주위에 있는가? 다른 형제나 자매에게 당신 자신을 솔직하게 드러내는

---

62 Dietrich Bonhoeffer, *Life Together, trans. J.* W. Doberstein (New York: HarperCollins, 1954), 110.

것은 두려운 일이다. 하지만 외과수술도 두렵기는 마찬가지다. 그러나 그것이 치유와 회복과 행복과 생명을 얻을 수 있는 길이라면 그렇게 할 만한 가치가 충분하지 않겠는가?

여러 가지 반론

여기에서 몇 가지 반론이 제기될 수 있다.

오직 하나님께만 우리의 죄를 고백해야 하지 않는가? 요한일서 본문 어디에서도 죄를 서로에게 고백하라고 분명하게 말씀한 내용은 발견되지 않는다. 물론, 성경의 다른 곳에서는 그런 내용이 발견된다. 예를 들어, 야고보서 5장 16절은 "너희 죄를 서로 고백하라"고 말씀한다. 그러나 요한일서 1장에서 '자백하다'라는 용어는 9절에서만 발견되고, 그조차도 다른 사람들이 아닌 하나님께 죄를 고백하라는 의미로 들린다. "만일 우리가 우리 죄를 자백하면 그는 미쁘시고 의로우사 우리 죄를 사하시며 우리를 모든 불의에서 깨끗하게 하실 것이요."

물론, 요한일서 1장에는 하나님께 죄를 고백하라는 의미가 담겨 있다. 그것은 필수적인 일이다. 하나님은 우리가 가장 중요하게 대해야 할 대상이시다. 그러나 빛 가운데 행한다는 것이 수평적인 차원을 포함하지 않는다면, 이 구절의 전체적인 취지를 비롯해 인격적인 관계를 시사하는 표현들을 이해하기가 어렵다. 7절은 "그가 빛 가운데 계신 것 같이 우리도 빛 가운데 행하면 그 아들 예수의 피가 우리를 모든 죄에서 깨끗하게 하실 것이요"가 아니라 "그가 빛 가운데 계신 것 같이 우리도 빛 가운데 행하면 우리가 서로 사귐이 있고 그 아들 예수의 피가 우리를 모든 죄에서 깨끗하게 하실 것이요"라고 말씀한다. 빛 가운데 행하면 동료 그리스도인들과의 사귐이 깊어진다.

두 번째 반론은 "요한일서 1장 7절이 내가 만나는 모든 그리스도인에게 나의 추악한 죄를 모두 털어놔야 한다는 의미인가?"라는 것이다.

물론, 아니다. 그것은 부자연스럽고 소모적일 뿐 아니라 사랑이 없는 자기중심적인 태도에 해당한다. 본문은 약점을 마구 드러내 보이라는 뜻이 아니라 구원적 차원으로 승화시키라는 뜻이다. 그러나 우리 가운데는 서로에게 죄를 지나치게 고백하기보다는 불충분하게 고백하는 문제를 안고 있는 사람들이 대다수를 차지한다. 이 일을 잘하려면 지혜가 필요하다. 나는 교묘한 율법주의를 새롭게 내세워 우리가 다른 신자들에게 충분히 정직하지 않으면 하나님이 우리에게 용서를 베풀지 않으신다는 생각을 부추길 의도가 전혀 없다. 만일 그렇다면 그것은 복음을 저버린 채 행위로 의를 얻으려는 시도일 것이다. 그러나 우리가 각자 최소한 성별이 같고, 불건전한 집착이 발생할 가능성이 없는 사람으로서 우리의 안과 밖 모두를 진정으로 알고 있는 사람을 찾겠다고 결심한다면 어떻게 될까? 겉치레도 없고, 속임수도 없고, 가식도 없고, 가린 것도 없는 사람을 찾는다면 어떻게 될까?

또 하나의 반론은 "그러나 내가 다른 사람에게 죄를 고백하자마자 그 순간부터 즉시 고백한 죄를 버려야 할 텐데 그런 압박감을 어떻게 견뎌낼 수 있겠는가?"라는 것이다.

물론, 그럴 수는 없다. 그럴 수 있는 사람이 누가 있겠는가? 만일 무엇인가를 빛 가운데로 드러내자마자 즉시 치유의 시작을 기대한다면, 상호 고백의 취지가 완전히 결딴나고 말 것이다. 하나님은 기한을 정해놓고 우리에게 수직적인 차원의 용서를 베풀지 않으신다. 그런데 우리가 수평적인 차원에서 서로에게 기한을 정해주어야 할 이유가 무엇인가? 물론, 성장이 긴급하게 필요하다고 느끼는 것은 당연하다. 이것은 죄인의 기쁨과 유용성과 영혼의 건강이 걸려 있는 문제다. 그러나 우리 가운데 압박감을 느끼며 성장하는 사람은 아무도 없다. 압박감이 없어야만 죄를 죽이고, 성장할 수 있는 비옥한 환경이 조성될 수 있다.

우리가 다른 사람들에게, 아니 단 한 사람에게라도 정직하게 행동하기 시작한다면 그런 결과가 나타날 것이다. 내가 알고 있는 나와 겉으로 드러나 보이는 나라는 두 개의 원이 서로 겹쳐야 한다. 사적인 나와 공적인 내가 서로 다른 사람이 아닌 '하나의 나'가 되어야 한다. 하나로 통합된 온전한 인격체가 되어야만 강해진다. 외양을 유지하려고 애쓰는 것은 소모적인 삶의 방식이다.

서로에게 정직하면 강력한 결과들이 나타난다. 본문에 언급된 결과는 두 가지다.

1) 우리가 서로 사귐이 있다.
2) 하나님의 아들 예수님의 피가 우리를 모든 죄에서 깨끗하게 한다.

서로 사귐이 있다

혼자인 것은 지옥이나 다름없다. 우리는 서로 관계를 맺으며 살도록 창조되었다. 불신자들은 이런 현실의 희미한 그림자만을 즐길 뿐이지만, 그리스도 안에 있는 우리는 인격적인 상호 관계의 영광을 온전히 누린다. 복음은 우리에게 다른 사람들과 더불어 정직하게 살아갈 수 있는 수단을 제공한다. 내향성과 외향성과 같은 범주들은 아무리 유익하더라도 그보다 훨씬 더 깊은 차원의 문제(곧 하나님이 내향적인 사람이나 외향적인 사람을 가리지 않고 우리 모두를 하나로 연결해 인격적인 교제를 나누게 하신 근본적인 방식)로까지는 나아가지 못한다. 심지어 내향적인 사람도 외로움을 탄다.

우리는 함께 어울리며 함께 웃고, 서로 대화를 나누며 생각을 공유하고, 아름다운 꽃을 함께 감상하도록 창조되었다. 홀로 견디면 슬픔이 두 배가 되지만, 누군가가 우리와 함께 짐을 나누어 짊어지면 크게 줄어든다. 그와 마찬가지로 기쁨도 다른 사람과 함께 기뻐하면 두 배가 되지만, 홀로 기뻐하면 그렇게 크지 않다.[63] 우리는 다른 사람들과의 유대감, 마음의 공유, 연대감을 갈망한다. 성적 부도덕을 맹목적으로 추구하고, 술을 지나치게 즐기고, 소셜 미디어 플랫폼을 구축하는 행위들은 인간적인 교제에 대한 갈망의 빗나간 결과물일 때가 많다. 심령을 갉아먹는 그런 행위들의 근원지를 더듬

---

63 Drew Hunter helped me to see this through his book *Made for Friendship: The Relationship That Halves Our Sorrows and Doubles Our Joys* (Wheaton, IL: Crossway, 2018).

어 올라가면, 궁극적으로 참된 기독교적 교제가 없기 때문이라는 것을 알 수 있다.

신약성경과 요한일서와 같은 성경 본문이 그려내고 있는 상황은 다음과 같다. 우리 앞에 연회를 치를 준비가 된 큰 강당이 있다. 식탁마다 온갖 종류의 음식을 담은 접시들이 즐비하게 놓여 있다. 샹들리에가 밝게 빛나고, 꽃들이 아름답게 배열되어 있고, 편안한 의자들이 가깝게 붙어 있다. 자리에 제약은 없다. 아무나 원하는 곳에 앉을 수 있다. 그러나 강당 밖에는 오직 한 사람만 들어갈 수 있는 크기의 작고, 어두운 방들이 10,000개가 있다. 우리는 수치심과 죄와 실패를 감춘 채로 혹시라도 우리의 결함이 빛 속에 드러나는 것을 누가 볼까 봐 두려워하며 그 어두운 방 안에 숨어 있으려는 경향이 있다. 요한일서 1장 7절("그가 빛 가운데 계신 것 같이 우리도 빛 가운데 행하면 우리가 서로 사귐이 있고")은 연회 자리에 나오라고 초청한다. 우리는 모두 함께 나와 겸손하고, 정직한 태도로 서로를 대함으로써 기쁨을 누리라는 부름을 받는다. 그곳에 나가면 더 이상 혼자 있지 않고, 연회를 즐기며, 영양가 있는 음식을 마음껏 먹을 수 있다.

우리가 함께 빛 가운데 행하면 장벽이 무너진다. 그러면 새로운 존재 방식, 곧 함께 살아가는 해방의 길로 편안하게 나아갈 수 있고, 교제의 불길이 일어나 환하게 타오를 것이며, 다른 사람들을 이용하거나 나를 과시하려고 하지 않고 함께 스스럼없이 어울릴 수 있다. 우리는 외양을 유지하려는 태도가 습관처럼 굳어진 탓에 우리 자신이 그런 습관에 얼마나 깊이 물들어 있는지조차 의식하지 못한다. 우리의 부패한 본성과 죄와 자기중심적인 태도가 모두 사라진 새 땅이 도래하면 깜짝 놀랄만한 일이 많을 것이다. 다른 사람들과 함께 어울림으로써 큰 기쁨과 자유를 누리는 것도 그런 일 가운데 하나다. 우리 자신을 이러저러한 식으로 나타내 보여야 할 필요가 사라지면, 우리는 마침내 진정한 삶을 구가하며 자유롭게 살 수 있을 것이다.

지금도 비록 완전하지는 않지만 그런 자유를 진정으로 누릴 수 있다는 것이 신약성경의 가르침이다. 이것은 빛 가운데 행하는 데서 비롯하는 두 번째 결과로 자연스럽게 이어진다.

모든 죄에서 깨끗해진다

"그 아들 예수의 피가 우리를 모든 죄에서 깨끗하게 하실 것이요." 요한일서 1장 7절의 마지막에 기록된 이 간단한 말씀이 우리가 장차 천국에 갈 수 있는 이유다. 우리는 그리스도의 피로 모든 죄에서 깨끗해진다.

이 현실은 내가 앞에서 강조한 그리스도의 사랑(4장) 및 칭의의 교리(5장)와 밀접하게 관련되지만, '깨끗함'에도 그 자체만의 독특한 의미가 담겨 있다. 우리가 복음을 통해 그리스도와 연합하게 된 이유는 우리 자신의 사랑스러움 때문이 아니라 그리스도의 관대한 사랑 때문이다. 이것에서 많은 축복이 흘러나온다. 구체적으로 말해, 우리는 무죄 판결을 받고 법정을 자유롭게 나설 수 있게 되었고(칭의), 하나님의 가족으로 입양되었으며(양자), 하나님 아버지와 친밀한 관계를 회복했다(화목). 요한일서 1장 7절에 따르면, 우리는 또한 깨끗해졌다. 우리는 영원한 효력을 지닌 한 번의 씻음으로 모든 죄에서 깨끗해졌다.

2000년 여름에 노스캐롤라이나 서쪽의 산속에 자리 잡은 '캠프 리지크레스트'에서 캠프 지도자로 활동할 때 경험했던 진흙 씨름이 생각난다. 우리는 모두 진흙을 뒤집어쓴 채 기진맥진한 상태로 다이빙 도약대 위에서 호수로 뛰어내려 몸을 씻었다. 물속에 가라앉으면서 진흙이 모두 씻겨나가고, 다시 깨끗해진 상태로 수면 위로 올라와 숨을 들이쉬는 느낌이 너무나도 상쾌했다. 손으로 후비고, 문지르면서 씻을 수도 있었지만 우리는 그렇게 하지 않았다. 우리의 손도 더러웠기 때문에 더 많은 진흙으로 진흙을 씻어내는 것밖에 되지 않았다. 복음도 그런 식으로 작용한다. 우리는 우리 자신을 문질러 깨끗하게 할 수 없다. 그러나 하나님이 마련하신 정화의 호수 속으로 뛰어들기만 하면 깨끗해진 상태로 나올 수 있다. 이 깨끗함은 노스캐롤라이나 호수의 깨끗케 함과는 달리 다시 더럽혀지지 않는다.

물론, 우리는 다양한 방식으로 계속 죄를 짓는다. 그러나 우리는 단번에 결정적으로 깨끗해졌다. 그렇다면 그리스도의 보혈은 정확히 우리를 어떻게 깨끗하게 할까? 누군가의 피로 깨끗해진다는 것은 언뜻 생각하면 약간 이상한 개념처럼 들린다. 성경은 창조주와 올바른 관계를 회복하려면 타락한 죄인인 우리에게 공의가 행해져야 한다고 가르친다. 그리스도께서는 자기 백성을 대신해 자신의 피를 흘리심으로써 구약 시대에 유월절 양이 피 흘려 희생된 것을 궁극적으로 성취하셨다. 그리스도께서 생명을 내주셨기 때문에 하나님이 자기 피 대신에 예수님의 피를 취하시기를 바라는 사람은 누구나 자신의 영원한 운명을 결정짓는 대리 속죄의 효력을 경험할 수 있다. 그분의 피는 그런 식으로 우리를 깨끗하게 한다. 예수님의 피든 우리의 피든 둘 중 하나다. 하나님의 정의가 만족되어야 한다. 만일 그리스도께서 나를 대신해 피를 흘리셨다면 하나님의 진노는 만족되고, 나는 처벌을 면한다. 그 결과가 바로 '깨끗함'이다. 깨끗하신 예수님이 더러운 죄인이 되신 덕분에 더러운 내가 깨끗한 자로 대우받는다.

우리 가운데는 자신이 도저히 깨끗해질 수 없을 만큼 더럽다고 생각하는 사람들이 많다. 우리는 하나님이 우리를 사랑하신다는 것을 알고 있고, 자신이 의롭다 하심을 받았다고 믿는다. 우리는 멀지 않아 천국에 들어갈 것을 알고 있다. 그러나 우리는 그렇게 되기까지 항상 우리가 더럽다는 압박감에 시달린다. 다른 사람들에 의해서든 우리 자신의 어리석음 때문이든 잘못된 일이 발생하면 우리는 더러워진 느낌을 받는다. 겉으로는 번듯한 신자인 것처럼 행세하지만, 속으로는 스스로를 혐오한다. 우리의 미소와 깔끔한 외모는 우리의 가장 깊은 폐부에서 경험하는 경험과 모순된다.

복음은 그런 우리에게 대답을 제시한다. 우리가 그리스도 안에 있다면 이미 그분의 보혈로 인해 깨끗해진 상태다. 우리는 깨끗해졌기 때문에 다시 더러워질 수 없다. 우리가 어떻게 느끼는지는 중요하지 않다. 우리의 감정이 우리를 규정하는 것이 아니다. 예수님이 우리의 더러운 신분과 더럽다는 느낌을 없애주기 위해 스스로 더러워지셨다. 그리스도 안에서 성장하려면, 더럽다는 주관적인 느낌을 결정적이고, 취소할 수 없는 객관적인 현실, 곧 우리가 그리스도의 피로 깨끗해진 것이 항상, 영원히 지속된다는 사실에 일치시켜야 한다. 본문은 우리가 '모든 죄에서 깨끗해진다고' 말씀한다(요일 1:7). 이것은 포괄적인 치유다.

우리가 깨끗하다고 믿기는 쉽지 않다. 하나님의 말씀을 액면 그대로 믿는 것은 자기가 고열에 시달리고 있다고 확신하는 사람에게 "당신은 건강합니다."라고 말하는 것과 그렇게 크게 다르지 않다. 그러나 하나님의 말씀은 사실이다. 우리는 우리의 느낌을 떨쳐내고 그 말씀을 믿어야 한다. 그 말씀을 담대하게 받아들여야 한다. 루터는 "하나님의 아들이신 예수님이 우리를 속량하고, 죄에서 깨끗하게 하려고 피를 흘리셨다. 이것을 믿는다면 마귀가 우리의 죄로 우리를 괴롭히고, 두렵게 할 때마다 그의 면전에 그분의 피를 들이대라. 그러면 그를 즉각 물리칠 수 있을 것이다. 그는 어쩔 수 없이 우리를 괴롭히는 일을 중단하고, 물러날 것이다."라고 말했다.[64]

정직하면 용서받았다는 확신이 더 커진다

사려 깊은 독자는 여기에서 "본문은 '우리가 빛 가운데 행하면…그 아들 예수의 피가 우리를 모든 죄에서 깨끗하게 하실 것이요'라고 말씀해. 그렇다면 이것은 우리가 서로에게 정직하지 않으면 하

---

64 Martin Luther, *Sermons on the Gospel of St. John 1–4, in Luther's Works,* ed. Jaroslav Pelikan and Helmut T. Lehmann, 55 vols. (Philadelphia: Fortress, 1955 – 1986), 22:24.

나님이 우리를 깨끗하게 하시지 않을 것이라는 의미가 되어 사실상 복음을 거꾸로 뒤집고, 우리의 깨끗한 상태를 우리의 행위에 의존하게 만드는 결과를 초래하는 것 아닌가."라고 생각할지도 모른다.

우리는 성경의 전반적인 가르침을 통해 그런 일이 절대 있을 수 없다는 것을 잘 알고 있다. 따라서 이 본문을 우리가 빛 가운데 행하면(복음의 은혜를 경험하고, 성령께서 내주하시는 사람들만이 진정으로 그렇게 할 수 있다), 그리스도의 깨끗하게 하는 피가 우리에게 더욱 생생한 현실로 다가올 것이라는 의미로 이해해야 마땅하다. 다시 말해, 이것은 이론을 믿는 데서 현실을 체감하는 데로의 전환을 의미한다. 빛 가운데 행하면 용서를 더욱 깊이 경험할 수 있고, 우리의 마음이 열려 이전보다 더 깊이 그것을 받아들일 수 있다. 복음의 용서가 글자로 쓰인 요리법에서 군침을 흘리게 하는 경험으로 바뀐다. 우리의 죄에 대해 서로에게 정직하면, 루터와 루이스와 쉐퍼가 경험한 것(복음에 대한 의식이 더욱 굳건해지고, 새롭게 되어 더 큰 해방감을 느끼는 것)에 도달할 수 있다. 다른 사람들에게 정직한 것이 하나님의 은혜를 받을 수 있는 공로가 될 수는 없다. 그러나 다른 사람들에게 정직하지 않으면, 우리를 더 깊은 나락으로 떨어뜨리는 끔찍한 위험이 초래될 수 있다.

우리의 죄를 다른 사람에게 솔직하게 고백할 만큼 하나님을 충분히 신뢰한다면, 마음의 문이 활짝 열려 용서받은 상태를 더 깊이 느낄 수 있다. 교만은 우리의 죄를 형제나 자매에게 고백하지 못하도록 가로막아 마음을 온전히 기울여 복음을 믿지 못하게끔 방해한다. 교만은 수직적인 차원의 교제와 수평적인 차원의 교제를 둘 다

방해한다. 다른 그리스도인 앞에서 정직하지 않은 것은 더 근본적으로는 복음을 거부하는 것이다. 다른 사람에게 정직하지 않은 것은 가장된 행위의 의이다. 우리는 바른 삶을 사는 성도의 외양을 유지하려면 체면을 지켜야 한다고 생각한다. 그러나 회심하고 기독교를 받아들였다는 것은 우리가 기여할 수 있는 것은 아무것도 없고, 오로지 한없이 무기력한 죄인이라는 사실을 이미 기꺼이 인정했다는 뜻이다. 복음은 하나님 앞에 우리를 내세울 만한 것이 우리 안에 아무것도 존재하지 않는다고 가르친다. 그런 가르침을 도외시한 채 우리 안에 우리를 내세울 수 있는 미덕이 존재하는 척 행세할 이유가 무엇인가? 우리는 일관성을 지녀야 한다. 처음 회심할 때 우리의 옛 사람은 단번에 죽었다(롬 6:1-14, 엡 4:20-24, 골 3:1-4, 9, 10). 동료 신자 앞에서 정직하지 않은 것은 옛 사람을 다시 살아나게 만드는 것이다. 그것은 거듭나기 이전의 상태로 돌아가는 것과 같다.[65]

번성으로 향하는 내려놓음

기쁨을 원하는가? 요한은 요한일서에서 "우리의 기쁨이 충만하게 하려 함이라"(1:4)라고 말했다. 성장하기를 원하는가? 다른 그리스도인에게 정직하면, '아버지와 그의 아들 예수 그리스도와 더불어' '사귐을 누리는' 더 깊은 단계로 나아갈 수 있다(요일 1:3). 그것과

---

65 이 단락에서 말하는 것을 더 심도 있게 논의하는 내용을 보려거든 Bonhoeffer, *Life Together*, 114 – 15를 보라.

비교하면 우리가 지금 믿고 있는 것들은 전혀 비현실적인 것처럼 보일 것이다.

복음을 믿으라. 신뢰할 만한 친구를 찾으라. 수치스럽더라도 형제나 자매에게 죄를 투명하게 드러냄으로써 구원을 더욱 깊이 체험하라. 스스로를 정직하게 낮추는 죽음의 과정을 기꺼이 받아들이고, 어떤 생명의 꽃이 피어나는지 지켜보라. 은혜의 복음으로 새롭게 씻는 느낌이 어떤 것인지 느껴보라. 더 깊이 정직해지고, 그리스도의 깨끗게 하는 피를 더 깊이 경험하면, 편안한 심령으로 간절히 원하던 성장을 향해 나아갈 수 있을 것이다.

7

고통

우리는 본능적으로 고통을 피하고, 마음을 분산시키는 일이 없어야만 그리스도 안에서의 성장을 추구하며 신앙생활을 성공적으로 수행할 수 있다고 생각하는 경향이 있다. 그러나 신약성경은 고통을 방해물이 아닌 기독교적 성장을 촉진하는 수단으로 거듭 강조한다. "(우리는) 하나님의 상속자요 그리스도와 함께 한 상속자니 우리가 그와 함께 영광을 받기 위하여 고난도 함께 받아야 할 것이니라"(롬 8:17). 그리스도의 고난에 참여할 때 그분을 가장 깊이 알 수 있다. "무릇 징계가 당시에는 즐거워 보이지 않고 슬퍼 보이나 후에 그로 말미암아 연단 받은 자들은 의와 평강의 열매를 맺느니라"(히 12:11).

우리가 고통을 기꺼이 받아들인다면, 그것은 다른 무엇보다도 성장을 더욱 촉진하는 수단이 될 수 있다.

고통의 보편성

가장 먼저 분명하게 밝혀야 할 한 가지는 모든 사람이 고통을 경험한다는 것이다. 내가 이렇게 말하는 이유는 서구 교회의 일부 진영에서 마치 세상의 다른 지역에 있는 신자들만 고통을 겪는 것처럼 말하고, 설교하고, 글을 쓰는 일이 흔하게 이루어지고 있기 때문이다.

노골적인 박해가 보편적인 현상이 아닌 것은 분명하다. 그러나 (서구 사회나 서구인의 관점에서 보면) 세상의 다른 지역에 있는 신자들은 우리 가운데 많은 사람이 경험하지 못하는 다양한 시련(마실 물 부족, 사회적 차별, 공적 예배 모임에 대한 정부의 제재, 가난, 열악한 보건 환경, 건전한 성경적, 신학적 자료의 부재, 신자들을 유혹하고 속이는 번영 신학의 득세 등)에 직면해 있다.

그러나 서구 사회에 존재하는 이런 상대적인 상황적 안전함은 때로 개개의 신자가 겪는 그 나름의 특별한 고통을 축소하거나 모호하게 만드는 결과를 초래할 수 있다. 거주 지역과 상관없이 암, 동료 그리스도인의 배신, 실망스러운 직업 활동, 심리적 장애, 감정적인 붕괴, 말썽 잦은 자녀, 가학적인 상사와 같은 수많은 어려움에서 온전히 자유로운 그리스도인은 아무도 없다.

그러나 내가 말하는 고통의 보편성에는 또 다른 것, 곧 모든 구체적인 사례들의 배후에 존재하는 무엇인가가 포함되어 있다. 다시 말해, 성경의 처음 두 장과 마지막 두 장 사이를 살아가는 우리 인간의 모든 것(우리의 생각, 마음, 양심, 사상, 말, 모임, 이메일, 다음 날의 기상 등등)

에는 짙은 허무감이 배어 있다. 상실감, 절망감, 실패감, 좌절감, 아무런 목적 없이 쳇바퀴를 돌리듯 단조롭고 고된 삶을 사는 듯한 느낌, 계속해서 벽에 부딪히는 듯한 느낌과 같은 감정 상태를 말로 명료하게 표현하기는 매우 어렵지만, 그런 느낌들은 모든 것에 영향을 미친다. 성경은 "피조물이 허무한 데 굴복해"(롬 8:20) 마치 여인이 산통을 느끼는 것처럼(롬 8:22) "탄식한다"라는 말로 이 문제를 다루었다. "피조물"을 인간을 제외한 자연 세계만을 가리키는 의미로 이해하지 않도록 주의해야 한다. 우리 인간도 "허무한 데" 굴복한다. 우리도 하나님이 마지막 날에 만물을 회복하실 때를 "속으로 탄식하며…기다린다"(롬 8:23). 우리는 더러운 보닛 아래 엔진과 내부 부품들을 장착하고, 한 곳에서 다른 곳으로 진행하려고 애쓰는 자동차와 같다. 우리는 우리가 기대하는 만큼 잘 달리지 못한다.

불행, 어둠, 고뇌, 후회, 수치, 탄식이 우리의 말과 행동과 생각에 짙게 깔려 있다. 우리가 가끔 악몽에 시달리는 것은 이런 고통과 허무감이 우리의 잠재의식을 통해 수면 중인 순간에까지 영향을 미친다는 증거다. 이 타락한 세상에서는 허무감과 삶의 고통을 피할 곳이 어디에도 없다. 이것은 모든 신자가 겪는 상황이다. 불신자들도 고통을 겪지만, 신자들이 겪는 고통은 다르다. 그 이유는 고통이 하나님이 세상을 창조하신 방식이나 만물이 존재하는 본래의 방식이 아니라는 것을 더 깊이 느끼고, 또 알고 있기 때문이다. 이것이 로마서 8장이 우리의 탄식을 "성령의 처음 익은 열매"(23절)와 연관시켜 말하는 이유다. 우리 신자들은 영적으로는 부활했지만, 육체로는 아직 부활하지 못했다. 이런 부조화가 우리의 타락한 상태에 관한 "허무감"을 한층더 강화한다. 이 타락한 세상을 살아가는 사람들은 어느 문화권에 속했든지 모두 날마다 삶의 허무를 느낀다. 우리를 뒤덮은 삶의 부조리에 대한 불길한 느낌 때문에 우리는 매일 새로운 절망감을 느끼며 새 날을 맞이한다.

고통은 가끔 보이는 섬이 아닌 광대한 바다처럼 우리의 삶 속에 광범위하게 펼쳐져 있다. 안락하고, 순탄한 삶을 살다가 어쩌다 한 번 일시적으로 이상한 일을 겪는 것이 아니라, 절망감(또는 실망감)이라는 무대 위에서 모든 삶이 이루어진다.

내가 이번 장에서 말하려는 요점은 하나님이 우리를 자아의 고뇌로부터 부드럽게 끌어내 좀 더 깊은 영적 성숙으로 나아가게 만드시는 동안, 삶의 고통을 겸손히 받아들이는 것이 은혜 안에서의 성장을 떠받치는 중요한 토대라는 것이다. 하나님은 고통을 통해 우리를 "그리스도의 장성한 분량이 충만한" 데까지 이르게 하신다(엡 4:13).

이 주제를 다룰 때는 신중해야 한다. 왜냐하면 신학적인 이론이 아닌 현실을 다루는 것이기 때문이다. 이번 장의 논의는 상처 위에 붙인 반창고를 떼어내고, 찌르고 쑤시는 듯한 고통스러운 일을 하는 것과 같다. 삶 속에서 새로운 고통을 겪고 있는 사람들에게 해줄 수 있는 가장 첫 번째 일은 책을 내밀거나 성경 구절을 인용하거나 신학적인 진리를 상기시켜주는 것이 아니다. 성경은 우는 자들에게 신학적인 대답을 제시하라고 말씀하지 않고 "우는 자들과 함께 울라"(롬 12:15)고 말씀한다. 신학적인 설명은 아무리 옳은 설명이라고 해도 고통을 겪는 사람의 고통을 더욱 가중시킬 뿐이다. 그들은 우리가 자신들을 향해 말만 하기를 원하지 않는다. 그들은 우리가 자기들과 함께 울어주기를 바란다. 로마서 8장 28절이 로마서 12장 15절 앞에 기록되었다고 해서 조언과 우정을 건넬 때 그것이 먼저라는 뜻으로 이해해서는 곤란하다.

물론, 울어야 할 때도 있고, 생각해야 할 때도 있다(전 3:1-8). 누구든 그리스도의 제자로 살아가려면 삶의 고뇌를 처리하고, 극복하는 방법을 이해하도록 도와줄, 깊고 강력한 토대를 구축해야 할 필요가 있다. 이 토대가 없으면 그리스도 안에서의 성장에 심각한 장애가 초래된다. 이것이 이번 장의 요점이다.

가지들을 쳐내기

우리는 겉으로는 자양분을 많이 얻을 것 같지만 실제로는 우리를 죽음으로 몰아넣는 독 있는 나무의 둘레를 덩굴손으로 휘감아 올라가려는 그릇된 성향을 지닌 포도나무와 같다. 그 나무를 휘감으면 죽을 것이라는 경고가 우리에게 주어졌다. 그러나 우리는 어쩔 수가 없다. 우리는 그것을 휘감는다. 그런 경우, 포도나무를 사랑하는 원예사가 할 수 있는 일은 한 가지뿐이다. 그는 우리의 가지를 잘라야 한다. 심지어는 모든 가지를 잘라내야 할 수도 있다. 그는 우리를 자유롭게 하기 위해 상실의 고통, 작아지는 고통, 줄어드는 고통을 가해야 한다.

세상과 그것이 주는 거짓 것들은 독이 있는 나무와 같다. 하늘에 있는 원예사는 우리를 너무나도 사랑하기 때문에 갈수록 세상에 더 깊은 애착을 느끼며 우리의 영혼을 자살로 몰아넣는 행위를 지속하도록 놔둘 수가 없다. 다시 말해, 하나님은 실망과 좌절의 고통을 통해 세상을 사랑하는 마음을 버리게 만드신다. 우리는 마치 불구가 되거나 죽는 듯한 느낌을 받을 수 있다. 우리는 그런 식으로 세상의 거짓된 쾌락으로부터 자유롭게 되어가는 중이다.

C. S. 루이스는 1949년에 미국의 외과학 교수 워필드 피러에게 보낸 편지에서 다음과 같이 솔직하게 말했다.

'내가 세상에 대하여 죽고,' '세상이 나를 대하여 십자가에 못 박히고 내가 또한 세상을 대하여 그러하니라'라고…신약성경에 다 나와 있습니다. 만일 이것이 우리의 모든 마음의 동기를 한갓 자연적이거나 세속적인 대상들로부터 꾸준히, 점진적으로 떼어놓는 것을 의미한다면, 나는 아직 시작도 하지 않았다고 말할 수 있을 것입니다. 이것은 다른 벽이 아닌 이 벽을 타고 자라라고 덩굴 식물을 훈련하는 것과 같습니다. 제 말은 그 자체로 나쁜 것들에서 벗어나는 것이 아니라 내일 밤에 우리가 음식을 먹으며 즐기기를 원하는 유쾌한 시간이나 나의 문학적인 성공을 통한 만족감에서 벗어나야 한다는 뜻입니다. 그런 것들이나 그것들을 통해 얻는 즐거움 자체에 문제가 있는 것은 아닙니다. 다만 제 마음이 그런 즐거움을 집착적으로 지향한다는 것이 문제입니다.

이번엔 상상력을 좀 더 발휘해 어느 날 내게 "너는 백 세가 될 때까지 큰 부자로 살다가 세상에서 가장 유명한 인물이 되어 세상을 떠난 후에 어렴풋한 즐거움이 희미한 의식 속으로 영원히 사라질 때까지 하나님의 얼굴을 한 번도 보지 못하고, 이웃의 영혼을 단 하나도 구원하지 못하고, 죄에서 자유롭지도 못한 채 아픈 데 하나 없이 건강하게 살게 될 거다." 라는 음성이 들려왔다고 가정해보겠습니다. 과연 그런 말을 들었다고 해서 제가 얼마나 많이 근심할까요? 또 다른 전쟁이 터진 상황과 비교하면 그것이 과연 저를 얼마나 불안하게 할까요? 제 이빨을 모두 빼야 한다는 말을 들었을 때만큼이나 걱정스러울까요? 제가 무슨 말을 하는지 아시겠죠? 제가 온 마음을, 최소한 나의 가장 강한 욕구 하나를 하나님이 멀리하라고 경고하신 세상에 둔다면 무슨 권리로 그분의 평화를 기대할 수 있겠습니까?

감사하게도 우리는 세상에 버려지지 않을 것입니다. 하나님이 세상으로부터 우리를 떼어놓기 위해 불안감, 전쟁, 가난, 고통, 외로움, 인기 없는 삶과 같은 끔찍한 수단들을 사용하실 것입니다(그분이 그것들을 어쩔 수 없이 사용하게 만드는 것은 바로 우리 자신입니다). 우리는 세상이 우리의 고향이 아니라는 것을 배워야 합니다.[66]

루이스는 우리의 마음을 적나라하게 드러냈다. 우리가 정직하다면, 우리의 마음이 세상과 얼마나 끈끈하게 엮여 있는지를 인정하지 않을 수 없을 것이다. 좋아하는 음식, 아름다운 노을, 배우자와 나누는 친밀한 즐거움, 일에 대한 성취감 등 세상의 좋은 것들을 누리는 것을 거부해야 한다는 말이 아니다. 바울 사도의 말에 의하면,

---

66 C. S. Lewis, *The Collected Letters of C. S. Lewis, vol. 3, Narnia, Cambridge, and Joy, 1950–1963*, ed. Walter Hooper (San Francisco: HarperCollins, 2009), 1007 - 8.

그런 즐거움을 절대적으로 거부하는 것은 귀신의 가르침을 따르는 것이다(딤전 4:1-5). 우리가 인정해야 할 것은 하나님보다 못한 세상의 것들에 애착을 두어 창조주의 사랑이 아닌 피조물로부터 힘을 얻으려고 애쓴다는 것이다. 성경은 세상의 것들을 통해 영혼의 갈증을 해소하려는 인간의 왜곡된 성향을 우상 숭배로 일컫는다. 5장에서 정의한 대로, 우상 숭배는 선물을 향해 주는 자(giver)가 되어달라고 말하는 어리석음을 가리킨다. 성경은 우리의 가장 큰 갈망과 열망을 하나님께 두라고 가르친다. 오직 하나님만이 참된 만족을 주실 수 있다(시 16:11). 그분은 만족을 주겠다고 약속하셨다(렘 31:25).

문제는 우리 스스로 우리의 가장 깊은 갈망을 세상에서 하나님께로 옮길 능력이 없다는 것이다. 우리는 그렇게 할 수 있다고 생각하고, 노력하지만 그것은 심장 수술을 받아야 할 어린아이가 자신의 힘으로 자기 심장을 고칠 수 있다고 생각하는 것과 같다. 그런 어린아이를 수술하려면 의학적인 전문 지식을 갖춘 외과 의사가 필요하다.

우리도 심장 수술을 받아야 하고, 의사의 도움, 곧 자신의 존재만큼 광대한 사랑으로 우리를 사랑하며, 자신의 마음 깊은 곳으로 우리를 품어줄 전문 지식을 갖춘 거룩한 의사가 필요하다(엡 3:18-19).

이 수술은 일평생 계속되며, 종종 아픔을 유발한다. 그러나 그 아픔은 우리를 치료한다.

단 두 가지의 선택

리처드 십스는 사망하기 5년 전인 1630년에 출판한 책에서 이렇게 말했다.

고난이 실망을 안겨주는 이유는 우리의 조급함 때문이다. 우리는 "그런 시련을 겪지 않았으면 얼마나 좋을까!"라고 한탄한다. 그러나 하나님이 우리에게 시련을 허락하신다면, 그분은 시련 속에서 우리와 함께하실 뿐 아니라 결국에는 우리를 더 정화된 상태로 건져내실 것이다. 우리는 찌꺼기 외에는 아무것도 잃지 않을 것이다(슥 13:9). 우리의 힘으로는 최소한의 시련도 감당할 수 없지만, 성령의 도우심을 의지하면 가장 큰 시련도 능히 감당할 수 있다. 성령께서는 어깨를 내밀어 우리의 연약함을 함께 짊어지시고, 주님께서는 손을 내밀어 우리를 붙들어주신다(시 37:24)…그 덕분에 우리는 적막한 상황에서도 위로를 얻는다. 그리스도께서는 우리의 침상 곁에 은혜의 보좌를 베풀고, 우리의 눈물과 탄식을 헤아리신다.[67]

고통이 우리의 삶에 밀려오면 우리는 즉각 본능적으로 실패감을 느낀다. 무엇인가 손실이 발생하고 있고, 퇴보하는 듯한 느낌이 들면, "이거 안 좋은데."라는 생각이 든다. 당연히 그럴 수밖에 없다. 그러나 우리는 사람들에게 체포되어 십자가에 못 박혀 죽어 무덤에

---

67 Richard Sibbes, *The Bruised Reed* (Edinburgh: Banner of Truth, 1998), 54 – 55.

장사되었다가 다시 살아나 영광스러운 승리를 얻으신 구주와 복음을 통해 하나로 연합했다. 그것은 죽음이 없었으면 결코 얻을 수 없었던 승리의 영광이었다. 고통은 영광의 씨앗이다. 누구나 하늘의 영광이 자신의 삶에 충만하게 임하기를 바란다. 그렇다면 그 영광은 어떻게 임하는 것일까? 베드로 사도는 "너희가 그리스도의 이름으로 치욕을 당하면 복 있는 자로다 영광의 영 곧 하나님의 영이 너희 위에 계심이라"(벧전 4:14)라고 말했다. 모욕을 받고서 마음을 가누기가 어렵고, 사는 것이 고통스러울 때면 우리는 자연스레 불안정한 세상의 것들에서 눈을 돌려 성경이 가르치는 미쁘신 하나님을 바라보게 된다. 그럴 때면 우리는 우리의 참모습으로 다시 되돌아와서 루이스가 말한 대로 "한층 더 높고, 깊게 나아갈 수 있다."[68] 고통은 우리를 아프게만 하지 않고, 교훈을 주고, 채찍질해 우리를 새롭게 한다. 고통은 자애로운 하나님 아버지께서 우리를 치유하기 위해 허락하신 것이다. 청교도 존 플라벨은 "우리는 하나님의 가슴에 꼭 밀착되어 있기 때문에 그분은 우리에게 아무런 상처도 입히실 수 없다."라고 말했다.[69]

삶이 고통스러울 때는 우리 마음속에서 즉각 심적 갈등이 일어나기 시작한다. 즉 다시는 상처를 입지 않도록 하나님과 다른 사람들에 대해 마음의 문을 단단히 걸어 잠근 채 욕구와 갈망을 억제하

---

68 이것은 C. S. Lewis, *The Last Battle* (San Francisco: HarperCollins, 1984)의 제15장의 제 목이다.

69 John Flavel, *Keeping the Heart: How to Maintain Your Love for God* (Fearn, Ross-shire, Scotland: Christian Focus, 2012), 43.

며 홀로 안도감을 느낄 수 있는 냉소주의의 길을 선택하든지, 아니면 이전보다 하나님과 더 깊은 관계를 맺든지 둘 중 하나이다. 또는 하나님의 주권과 선하심에 관해 우리가 믿는다고 고백했던 것을 겸연쩍게 여기며 우리가 믿었던 것이 틀렸음이 입증되었다고 생각하든지 아니면 우리가 믿는 것을 더욱 확고하게 붙잡으려고 애쓰든지 둘 중 하나이다. 바꾸어 말하면, 입으로 고백하는 믿음과 마음으로 믿는 믿음이라는 두 개의 원이 이전보다 더 멀리 떨어질 수도 있고, 더욱 완벽하게 겹칠 수도 있다. 우리가 믿는 믿음을 더욱 굳게 확신할 수도 있고 마음을 완고하고 강퍅하게 할 수도 있다. 또는 의원이신 하나님이 계속 수술을 진행하시도록 맡길 수도 있고, 수술실에서 나오게 해달라고 고집을 피울 수도 있다. 아무튼, 일단 고통이 찾아오면 우리의 삶은 예전과는 다르게 변한다.

리처드 데이비스는 청교도 시대에 영국에서 활동했던 목회자였다. 그는 존 오웬에게 영적 조언을 구한 적이 있었다. 싱클레어 퍼거슨은 당시의 일을 다음과 같이 상세히 전했다.

오웬은 대화를 나누는 중에 그에게 "젊은이, 어떤 식으로 하나님께 나가시오?"라고 물었다.

데이비스는 "중보자를 통해 나갑니다."라고 대답했다.

그러자 오웬은 "그렇게 말하기는 쉽지만, 중보자를 통해 하나님께 나간다는 것은 그런 표현을 사용하는 많은 사람이 흔히 알고 있는 것과는 또 다른 차원의 의미를 지니고 있다오. 나도 오랫동안 그리스도를 전했지만, 주님이 내게 혹독한 고통을 허락하시기 전까지는 그리스도를 통해 하나님께 나간다는 것을 경험적으로 알지 못했소이다. 그것은 나를 죽음의 문턱까지 몰아갔던 고통이었소. 나의 영혼은 그로 인해 공포와 어둠에 크게 짓눌렸지만, 하나님은 은혜롭게도 '그러나 사유하심이 주께 있음은 주를 경외하게 하심이니이다'라는 시편 130편 4절을 내게 강력하게 적용해 나의 영혼을 자유롭게 해주셨다오. 나는 그것을 통해 특별한 가르침과 평화와 위로를 받고 중보자를 통해 하나님께 가까이 나아갔고, 회복한 후에는 곧바로 다시 말씀을 전하기 시작했다오."라고 말했다.[70]

'혹독한 고통'이라는 말에 주목하라. 존 오웬은 고통스러운 시련을 피해서가 아니라 그것을 통해 죄 사함의 확신에 이르렀다. 그는 오랫동안 복음을 전했지만, 시련을 겪고 나서야 비로소 그가 전했던 복음이 입으로 고백하는 차원을 넘어 마음으로 믿는 차원으로 나아갔다. 두 개의 원이 하나로 겹친 셈이었다.

나중에 견실하고, 진중하고, 티 없이 맑은 사람으로 늙어가려면 고통을 통해 진정한 믿음에 도달해 이전보다 더 깊이 그리스도와 교통해야 한다. 심령이 메마르게 놔두지 말라. 우리의 고통 가운데 주님이 계신다. 그분은 우리를 연단하신다. 십스가 말한 대로, 우리

---

70 Sinclair B. Ferguson, *John Owen on the Christian Life* (Edinburgh: Banner of Truth, 1987), 100n1. Ps. 130 became so personally precious to Owen that he would go on to write a dense 200-page exposition of it, found in vol. 6 of his collected works.

가 잃는 것은 자아의 찌꺼기와 우리가 떨쳐버리려고 애쓰는 불행뿐이다. 하나님은 우리를 너무 사랑하시기 때문에 우리가 얕은 곳에 머물도록 놔두지 않으신다. 일평생 고통 없이 산다면 우리는 한없이 공허하고, 안이한 삶을 살게 될 것이다.

눈물과 기쁨

눈물이 우리의 삶에 미치는 유익을 잠시 생각해 보자. 우리의 눈물은 성장을 방해하지 않고, 오히려 그것을 촉진하고, 깊어지게 한다. 물론, 항상 그런 것은 아니다. 때로는 눈물이 우리를 해롭게 하기도 한다. 그러나 눈물은 산만한 마음을 바로잡아 주는 역할을 할 때가 많다. 우리는 눈물을 통해 우리 자신과 현실을 옳게 바라보게 된다. 눈물은 우리의 악한 참모습을 깨닫고, 예수 그리스도의 온유하심을 더욱 분명하게 알게 해준다.

당신의 삶을 돌아볼 때, 홀로 앉아 하나님의 임재를 경험하고서 그 어떤 코미디언도 줄 수 없는 큰 기쁨을 느끼고는 얼굴이 온통 눈물범벅이 된 적이 있었지 않은가? 그런 순간에 누군가가 다가와서 눈물로 범벅이 된 당신의 얼굴을 본다면, 당신이 큰 고통을 겪고 있다고 생각할 것이 틀림없다. 그러나 그들은 상황을 잘못 이해한 것이다. 고개를 들어 그들을 바라보면, 한 마디 재치 있는 농담을 건네 어색한 분위기를 없애고 싶은 유혹을 받았을 수도 있지만, 그렇게 하면 마음속에서 마구 솟구치는 기쁨이 즉시 사라지게 했을 것이다.

성경은 "슬픔이 웃음보다 나음은 얼굴에 근심하는 그것이 마음에 유익하기 때문이니라"(전 7:3)라고 말씀한다.

전도서의 이 말씀은 절대적인 의미를 지니지는 않는다. 전도서는 히브리 지혜 문학에 속한다. 따라서 그 의미를 파악할 때는 신중해야 한다. 아무튼, 이 말씀에는 모종의 의미가 담겨 있다. 본문과 같은 말씀이 전하려는 요점은 눈물이 다른 사람들과 관계를 맺을 때는 물론, 홀로 우리 자신을 살필 때도 피상적인 차원을 뚫고 깊이 들어갈 수 있는 견실하고, 굳건한 인격적 자질을 갖추도록 도와준다는 것이다.

이와는 정반대로 성경은 "웃을 때에도 마음에 슬픔이 있고"(잠 14:13)라고 말씀하기도 한다. 즉 잠언 14장은 겉으로 드러난 웃음 속에 내면의 고통이 감추어져 있다고 가르치고, 전도서 7장은 겉으로 드러난 슬픔 속에 고요하고, 견실하고, 깊은 기쁨이 종종 감추어져 있다고 가르친다.

성장하려면 울어야 한다. 감정을 억제하지 말라. 그리스도 안에서 성장하는 과정에는 항상 기쁨과 웃음만 있는 것이 아니다. 눈물과 상처를 통해 그리스도와 이전보다 더 깊은 관계를 맺을 수 있다. 나의 아버지는 "깊은 상처가 우리를 깊어지게 한다."라고 말한 적이 있다.

죄 죽임

지금까지 고난, 고뇌, 좌절, 우리가 원하는 것과 반대되는 것과 같은 고통에 관해 생각해 보았다. 우리가 수동적으로 받아들여야 하는 이런 고통 외에 우리가 적극적으로 감당해야 할 고통이 있다. 그것은 신학자들이 죄 죽임으로 일컫는 매우 오래된 신앙 훈련의 수단이다.

'죄 죽임(mortification)'은 신학 용어다. 이것은 모든 신자가 감당해야 할 죄를 죽이는 의무를 가리킨다. 오웬은 죄를 죽이는 것을 주제로 다룬 고전에서 "죄를 죽이라. 그렇지 않으면 죄가 너를 죽일 것이다."라고 말했다.[71] 우리에게 중립 지대는 없다. 그리스도 안에 있는 사람은 누구나 죄를 죽이든지, 아니면 죄에게 죽임을 당하든지 둘 중 하나다. 다시 말해, 더 강해지거나 더 약해지는 길밖에 없다. 모든 것이 순조롭다고 생각한다면 실제로는 퇴보하는 중이다. 영적 생활에는 자동 속도 유지 장치가 존재하지 않는다. 마치 중립 상태에 있는 것처럼 느껴질 수도 있지만, 우리의 마음은 정원과 같다. 선제적으로 잡초를 제거하지 않으면 우리가 의식하지 못하는 사이에 잡초가 자라기 시작한다.

그리스도인이라면 누구나 죄를 죽여야 한다. 신학자들은 오랫동안 죽이는 것이 곧 살아나는 것이라고 가르쳐왔다. 죽이면 살아난다. 우리는 회심할 때 단번에 죽고, 단번에 살아나지만, 그 후로도 매일 죽었다가 살아나는 과정을 반복한다.

죄 죽임에 관한 이런 가르침은 그리스도 안에서의 성장과 관련

---

71 John Owen, *Overcoming Sin and Temptation*, ed. Kelly M. Kapic and Justin Taylor (Wheaton, IL: Crossway, 2006), 50.

된 가장 능동적인 측면에 해당한다. 이 책의 다른 곳에서는 우리가 복음을 통해 받은 것을 주로 다룬다. 마땅히 그래야 한다. 기독교적 구원과 그것을 통해 시작된 성장은 근본적으로 은혜와 구원과 도움과 해방의 문제다. 하나님께서 우리의 삶에 개입해 그곳에서 발견되는 죄와 자아를 끈질기게 추적해 제압하고, 영광스러운 승리를 거두신다. 그러나 우리는 로봇이 아니다. 존 오웬이 죄 죽임을 주제로 다른 책에서 본문으로 삼은 성경 구절은 로마서 8장 13절("너희가 육신대로 살면 반드시 죽을 것이로되 영으로써 몸의 행실을 죽이면 살리니")이었다. 오웬이 역점을 두어 살핀 요점 가운데 하나는 '성령으로'라는 한마디로 간단하게 요약된다. 우리 자신의 힘만으로는 죄를 죽일 수 없다(이 책의 마지막 장에서 성령에 대해 좀 더 자세히 살펴볼 예정이다). 우리의 성화와 관련된 가장 능동적인 측면(우리의 의지로 가장 적극적으로 참여할 수 있는 일, 즉 죄를 죽이는 일)조차도 우리의 힘만으로는 할 수 없다는 것을 잊어서는 안 된다. 우리는 '성령으로' 죄를 죽일 수 있다.

죄와 유혹이 우리를 엄습할 때는 성령께 도움과 은혜를 구하고, 그분의 도우심이 있어야만 죄를 죽이고, 유혹을 물리칠 수 있다는 믿음으로 의식적으로 그분을 온전히 의지해야 한다. 마귀는 우리 자신을 중요하게 생각하도록 부추긴다. 그러나 하나님의 성령이 우리 안에 계신다면 예수님의 죽은 몸을 일으켜 살아나게 한 그 능력이 우리의 삶 속에서 그와 똑같은 효력을 발휘할 수 있게 된다. 바울은 로마서 8장 13절 바로 앞에서 "예수를 죽은 자 가운데서 살리신 이의 영이 너희 안에 거하시면 그리스도 예수를 죽은 자 가운데서 살리신 이가 너희 안에 거하시는 그의 영으로 말미암아 너희 죽을 몸도 살리시리라"(롬 8:11)라고 말했다.

죄 죽임과 자학

논의를 계속 진행하기에 앞서 죄 죽임에 대한 그릇된 생각을 바로잡아야 할 필요가 있다. 위에서 말한 대로, 고통이 우리의 성장에 필수적인 요소이고, 죄를 죽이는 고통을 능동적으로 감수하는 것이 필요하지만, 삶의 고통이 그리스도의 속죄 사역에 보탬이 될 수 있다고 생각하지 않도록 주의해야 한다. 이것은 굳이 말하지 않아도 될 소리처럼 들리지만, 그렇게 하려는 유혹이 은밀하고도 교묘하게 우리를 엄습할 수 있다. 5장에서 다룬 무죄 선고에 관한 논의를 잊어서는 안 된다. 우리는 그리스도께서 십자가에서 이루신 사역을 통해 우리 자신의 양심과 마귀의 정죄로부터 온전히 해방되었다. 죄를 죽이는 것을 그리스도의 사역을 완성하는 것으로 이해해서는 곤란하다. 그것은 단지 그분의 사역에 대한 반응일 뿐이다. 죄를 죽이는 일에 실패했든 성공했든, 우리의 행위는 우리가 하나님의 가족으로 입양되는 것에 아무런 영향을 미치지 못한다.

2009년의 '성주간(聖週間)'에 〈보스턴 글로브〉에 세계 각처의 다양한 기독교 공동체가 성 목요일을 기념하는 방식을 묘사한 사진들을 곁들여 소개한 기사가 게재되었다.[72] 특별히 관심을 끄는 것 가

---

[72] "The Big Picture: News Stories in Photographs," Boston.com, April 10, 2009, http://archive.boston.com/big picture/2009/04/holy week .html.

운데 하나는 필리핀의 산페르난도라는 도시에서 있었던 일을 찍은 사진이었다. 사진에는 로마 가톨릭 참회자 몇 사람이 교회 앞에 무릎을 꿇고서 셔츠를 벗은 채로 속죄의 뜻으로 자신들을 등을 채찍으로 때리게 해 피를 흘리는 모습이 찍혀 있었다. 그리스도께서 고난을 받으셨기 때문에 그런 식의 자학적인 고통을 가하는 것이 전혀 필요하지 않다는 것을 익히 알고 있는 우리로서는 그런 모습을 보면 즉각 소스라쳐 놀라지 않을 수 없다. 만일 감옥에서 보석으로 석방된 범죄자가 석방된 즉시 관청에 찾아가서 자기가 직접 보석금을 내겠다고 하면 참으로 이상할 것이 틀림없다. 그는 이미 자유의 몸이 된 상태다.

그러나 과연 우리가 실제로 그런 행위가 잘못이라는 것을 충분히 인식하고 있는지 궁금한 생각이 든다, 왜냐하면 서구의 그리스도인들은 육체적으로는 아니더라도 최소한 심리적으로나 감정적으로 그런 자학 행위를 저지르려는 유혹을 항상 느끼고 있는 듯하기 때문이다. 우리 자신의 죄가 의식될 때는 어떻게 반응해야 할까? 그리스도께서 우리의 죄를 위해 죽으셨다는 것을 알고 있기 때문에 마땅히 감사해야 할 것이다. 그러나 우리는 우리가 얼마나 감사하고 있는지를 보여주려는 생각이나 일을 좀 더 확실하게 매듭짓겠다는 생각으로 약간의 심리적인 자학을 보태려는 경향이 있다. 물론, 그렇다고 해서 그리스도의 사역에 우리의 행위를 의도적으로 더하려는 생각은 조금도 없다. 그런 생각은 절대 없다. 단지 우리가 얼마나 신경을 쓰고 있고, 또 얼마나 진지한 그리스도인인지를 그분께 보이고 싶은 마음일 뿐이다. 육체적인 자학 행위는 아무것도 없다. 그저 외형적으로나 형식적으로나마 복종과 섬김의 행위를 통해 죄책감을 충분히 느끼고 있다는 것을 보여주려는 생각뿐이다.

그러나 성경은 아이스크림 위에 체리 한쪽을 올려놓는 것처럼 우리의 작은 행위를 그리스도의 사역에 보태려고 한다면, 아이스크림 전부를 우리 스스로 책임져야 한다고 가르친다. 전부든 전무든 둘 중 하나만 가능하다. 안타깝게도, 우리는 신학적으로는 그리스도의 사역에 아무것도 보탤 수 없다고 인정하면서도 감정적으로는 조금이나마 주님을 도와드려야만 안심할 수 있다고 느낀다. 그러나 일을 마무리하기 위해 무엇인가를 보탠다면, 오히려 그 일이 잘 마무리되었는지 아닌지에 대한 걱정, 곧 "우리가 그 일을 충분히 잘 마무리했을까?"라는 불안감이 생길 수밖에 없다.

인위적으로 만든 보상책으로 우리 자신을 치유함으로써 하나님이 우리를 좋게 생각하시도록 도와야겠다는 선천적인 본능이 합리적이고, 직관적이고, 사리에 맞는 것처럼 느껴진다. "그렇게밖에 달리 어떻게 살겠는가?"라는 생각에서 벗어나기가 어렵다. 그러나 영광스러운 복음은 하나님을 도우려는 시도는 불필요할 뿐 아니라 사실상 그분이 그리스도를 통해 제공하신 것을 거부하는 것이라고 가르친다. 그런 시도는 나에 대한 하나님의 견해를 강화하기는커녕 오히려 희석시킨다. 그것은 우리를 대신한 그리스도의 희생 사역을 존중하기보다 불명예스럽게 만들고, 우리를 겸손하고, 자유로운 사람이 아닌 강박증에 시달리며 불평불만을 일삼는 사람으로 만든다.

죄를 죽이는 일을 생각할 때는 우리의 행위가 '무죄 선고를 받아 의롭게 되는 일'에 조금도 보탬이 될 수 없다는 것을 절대로 잊어서는 안 된다. 우리는 오직 그리스도께서 이루신 사역을 통해 믿음으로만 무죄 선고를 받을 수 있다.

죄를 질식시키기

죄를 죽이는 것은 그리스도의 속죄 사역을 보완하는 공로가 아니다. 그렇다면 그것은 무엇일까?

죄에 대해 아는 것은 필요하지만, 우리는 죄를 바라봄으로써 그것을 죽이지 않는다. 군인은 전쟁터에서 적에게 모든 관심을 집중함으로써 그를 죽이지만, 죄를 죽이는 방식은 그와는 다르다. 죄를 죽이는 것이 이상한 싸움인 이유는 죄로부터 관심을 다른 데로 돌려야만 그것을 죽일 수 있기 때문이다. '관심을 다른 데로 돌린다'는 것은 생각을 비우거나 정신적인 진공 상태를 만들라는 의미가 아니다. 그것은 예수 그리스도를 바라보는 것을 의미한다. 앞마당에서 성냥갑으로 자동차 놀이를 하다가 '전미국 자동차 경주대회(NASCAR)'에 초청을 받으면 곧바로 흥미가 떨어지는 것처럼, 예수님의 지극한 아름다움에 매료되면 죄는 즉시 매력을 잃는다. 1장에서 "측량할 수 없는 그리스도의 풍성함"(엡 3:8)에 관해 논의한 내용을 기억하라. 죄는 풍성함을 약속하는 듯 보이지만, 그것은 거짓 풍성함이다. 죄가 주는 기쁨은 금세 동이 난다. 죄는 우리를 구원하지 못한다. 그러나 그리스도께는 진정한 풍성함이 있다. 아무리 누려도 동이 나지 않는다. 그분의 풍성함은 측량할 수 없다.

죄를 소중히 여기고, 그리워하고, 머릿속에 그려보고, 감정을 쏟으면 죄가 더 왕성해진다. 눈을 돌려 그리스도를 바라봄으로써 죄를 질식시켜야 한다. '눈을 돌린다'는 말은 '심장(heart)의 눈'으로 그리스도를 바라보는 것을 의미한다(엡 1:18). 신체의 한 부분이 또 다른 부분을 지니고 있다는 성경의 표현은 좀 이상하게 보인다. 어떻게 심장(heart)이 눈을 가지고 있을까? 그러나 성경에서 마음(heart)은 우리의 모든 행위가 이루어지는 중심지, 곧 우리의 가장 깊은 곳이자 가장 은밀한 동기와 갈망이 솟아 나오는 원천을 가리킨다는 점을 기억해야 한다. 성경은 우리가 마음을 두는 것, 곧 우리가 사랑하고 바라는 것이 우리의 영적 건강을 결정한다고 가르친다. 신학사상이 견실하고, 하나님의 명령에 충실하고, 멋진 교회에 출석하더라도 마음이 그 모든 것과 다른 방향으로 치우쳐 실제로는 악한 것을 생각하거나 재물을 쌓는 것과 같은 속된 일만을 추구한다면 죄를 죽일 수 없다. 우리의 마음이 하나님 외에 다른 것에 충성을 바친다면, 겉으로만 죄를 죽이는 척 가장할 수밖에 없다. 우리가 사랑하는 것을 어떻게 죽일 수가 있겠는가?

그러나 마음의 눈이 지극히 온유하고, 자애로우신 예수님을 바라본다면 죄는 굶주려 시들어 죽기 시작한다. 이 책이 전하는 진리들(그리스도와의 연합, 그분의 견고한 사랑, 번복될 수 없는 하나님의 무죄 선고 등)을 진지하게 받아들이면 영적 생명과 활력은 왕성해지고, 죄는 무력해질 것이다. 존 플라벨은 "자신의 죄를 죽이고 싶은가? 그렇다면 죄의 생명을 유지하는 연료와 음식을 없애라. 번영이 죄를 낳아 기르는 것처럼, 시련은 성화의 도구가 되어 죄를 죽여 없앤다."라고 말

했다.[73]

죄를 죽이는 특별한 기술은 없다. 성경을 펼쳐 들고, 날마다 그리스도를 통해 입증되고, 성령 안에서 경험되는 하나님의 놀라운 사랑을 바라보라.

싸우는 것이 이기는 것이다

우리는 희망을 품고 이번 장을 마무리해야 한다. 플라벨은 "정직한 사람들은 때로 자기 자신을 지나치게 엄격하게 다루는 죄를 저지른다."라고 말했다.[74] 그는 우리의 내면을 들여다보고 온갖 종류의 더러움과 불신앙과 잘못된 사랑이 발견되더라도 하나님을 사모하는 마음과 그리스도를 갈망하는 마음이 불씨처럼 조금이라도 반짝인다면 안심해도 좋다고 말했다.

우리는 우리의 내면을 들여다보는 일을 일체 중단하고, 그리스도를 바라봐야 한다. 플라벨의 요점은 싸우는 것 자체가 살아있다는 증거라는 것이다. 거듭나지 않았다면, 아무런 신경도 쓰지 않는다. 실패하면 실망감을 느끼고, 그리스도를 갈망하는 마음이 있고, 하나님께 온전히 복종하려는 바람이 있다면 아무리 미숙한 생명이라도 생명의 울부짖음이 존재한다는 증거다. 하나님은 우리를 절대로 버리지 않으신다. 그분은 우리가 천국에 갈 때까지 변함없이 사

73 Flavel, *Keeping the Heart*, 45.
74 Flavel, *Keeping the Heart*, 94.

랑하실 것이다.

그러면서 그는 죄를 죽이려는 노력을 포기하지 말라고 가르친다. 우리가 죄와 싸우려고 노력하면, 사탄은 고통스러워한다. 싸우는 것이 곧 이기는 것이다. C. S. 루이스는 1942년 1월에 쓴 편지에서 이 점을 잘 묘사했다. 나는 이 위로의 말로 이번 장을 마무리하고 싶다.

나는 만성적인 유혹을 극복하지 못해서 좌절감을 느끼는 상태에 대해 잘 알고 있습니다.

또다시 유혹에 굴복하고 말았다는 사실에 자책감과 자괴감을 느끼며 안절부절못하지만 않는다면, 그렇게 심각하지는 않습니다. 넘어졌더라도 계속 일어난다면, 아무리 많이 넘어져도 우리는 파멸하지 않을 것입니다. 물론, 그런 경우는 옷이 여기저기 찢긴 채로 흙투성이가 되어 집으로 돌아온 어린아이와 같을 것입니다만, 욕실이 다 준비되어 있고, 수건이 제공되고, 깨끗한 옷이 통풍이 잘되는 벽장 안에 마련되어 있을 것입니다.

성급하게 화를 내며 포기하지만 않는다면 괜찮습니다. 더러워진 우리의 모습을 바라보는 그때야말로 하나님이 우리와 가장 가까이 계시는 때입니다. 그것은 그분의 임재를 나타내는 증거입니다.[75]

---

[75] Lewis, *Collected Letters*, 3:507

8

호흡

지금까지 매우 중요한 주제들을 살펴보았다. 그리스도와의 연합, 그분의 사랑, 칭의를 통한 무죄 선고와 같은 주제들은 우리가 일평생 믿고, 마음속 깊이 간직해야 할 영원한 진리다. 그렇다면 이 진리들을 날마다 실천해 나가려면 어떻게 해야 할까? 어떻게 해야 이 진리들을 믿고, 마음속에 깊이 간직할 수 있을까?

이번 장은 이 질문에 대한 대답이다. 교회의 성례에 정기적으로 참여하기, 교회를 통해 기독교적 공동체의 일원으로 살아가기, 신자들끼리 깊은 우정을 나누기 등, 이 질문에는 여러 가지 대답이 있을 수 있다. 그러나 나는 평범하면서도 경이로운 두 가지 대답에 초점을 맞추고 싶다. 그것은 다름 아닌 성경 읽기와 기도다. 성경 읽기가 들숨이라면 기도는 날숨이다.

세상에서 우리가 지닌 가장 큰 보화

성경은 무엇인가? 성경은 세상에서 우리가 지닌 가장 큰 보화다. 성경을 알지 못하면 굳세게 서거나 그리스도 안에서 성장하거나 기쁨으로 행하거나 이 세상에 축복을 전하기가 불가능하다. '기드온 협회'에서 출판한 성경의 머리글에는 다음과 같은 내용이 적혀 있다.

성경은 하나님의 생각, 인간의 상태, 구원의 길, 죄인들의 운명, 신자들의 행복을 보여준다. 성경의 교리는 거룩하고, 계명은 구속력을 지니며, 역사는 진실하고, 결정은 확고부동하다. 지혜롭게 되려면 성경을 읽고, 안전하려면 성경을 믿고, 거룩해지려면 성경을 실천해야 한다. 성경에는 우리를 인도하는 빛과 우리를 먹이는 양식과 우리를 격려하는 위로가 있다.

성경은 여행자의 지도요, 순례자의 지팡이요, 조종사의 나침반이요, 군인의 검이요, 그리스도인의 헌장이다. 성경을 통해 낙원이 회복되고, 하늘이 열리고, 지옥의 문이 닫힌다.

성경의 가장 큰 주제는 그리스도이고, 성경의 계획은 우리의 유익이며, 성경의 목적은 하나님의 영광이다. 성경이 우리의 기억을 가득 채우고, 우리의 마음을 지배하고, 우리의 발을 인도하게 해야 한다. 자주 기도하며 천천히 성경을 읽으라. 성경은 부의 광산이자 영광의 낙원이요 희락의 강수다. 성경은 이 세상에서 우리에게 주어졌고, 심판의 날에 활짝 펼쳐져 영원히 기억될 것이다.

성경은 가장 고귀한 책임감을 고무하고, 가장 큰 수고에 보답한다. 성경의 거룩한 진리를 경시하는 사람은 모두 단죄될 것이다.

위의 머리글을 인용한 이유는 그런 공경스러운 태도로 보배롭고, 거룩한 성경을 대하게 하기 위해서다. 이 머리글을 진지하게 읽었다면 일평생 말씀을 배우는 일에 헌신하고픈 생각이 들 것이다. 성경은 있으면 좋고 없어도 괜찮은 삶의 보조 수단, 곧 약간의 가외의 도움을 제공하는 도구가 아니다. 성경은 신앙 인격을 형성하고, 삶의 원동력과 생명력을 공급하는 필수 도구다. 예수님은 "그들을 진리로 거룩하게 하옵소서 아버지의 말씀은 진리니이다"(요 17:17)라고 기도하셨다. 이 책의 주제는 성화다. 성화가 이루어지려면 진리인 하나님의 말씀이 필요하다.

재건의 과정

그 이유는 무엇일까?

타락한 인간인 우리는 세상을 옳게 이해하지 못한다. 우리는 우리 자신이나 하나님을 옳게 바라보지 못하고, 참된 행복을 얻는 길을 알지 못한다. 우리는 인간의 역사가 어디를 향해 가고 있는지도 모르고, 인생을 잘 살아가는 데 필요한 지혜도 없다. 기독교적인 삶, 곧 그리스도 안에서의 성장이란 우리가 자연스럽게 생각하고 전제하는 것들을 해체하고, 성경을 통해 진리를 재건해 나가는 과정을 의미한다. 기술을 익히지 않은 건축 노동자가 건축한 건축

물을 생각해 보라. 수평이 맞지 않는 마룻바닥, 잘못된 크기의 창문들, 부조화를 이루는 페인트칠, 여기저기 빠져 있는 지붕널, 비스듬한 기초 등, 모든 것이 엉망진창이다. 우리가 바로 그런 상태다. 성경은 완전한 건축가이신 하나님이 우리를 본래의 모습으로 복원하기 위해 사용하시는 강력한 도구다.

우리는 우리의 이름을 떨치기 위해 이 세상에 태어났다고 생각하는 경향이 있지만, 성경은 그런 생각을 없애고, 하나님의 명예와 영광을 드높이기 위해 세상에 왔다고 가르친다. 우리는 우리가 선하게 살면 하나님이 우리를 받아주실 것으로 생각하는 경향이 있지만, 성경은 그런 생각을 없애고, 우리의 것을 하나님께 바치려고 애쓰지 말고 성자의 사역을 근거로 하나님의 호의를 받을 때 그분께 받아들여질 수 있다고 가르친다. 우리는 우리 자신이 큰 계획의 지극히 사소한 일부일 뿐, 별다른 가치를 지니지 않는다고 생각하는 경향이 있지만, 성경은 그런 생각을 없애고, 우리가 하나님의 형상을 지닌 존귀한 존재이며, 영원한 영광을 누리며 우주를 다스리기 위해 창조되었다고 가르친다. 우리는 음식, 섹스, 휴가와 같은 세상의 것들이 우리의 영혼에 만족을 줄 것으로 생각하는 경향이 있지만, 성경은 그런 생각을 없애고, 선물들로는 영혼의 갈증을 해소할 수 없고, 선물을 주시는 하나님만이 그렇게 하실 수 있다고 가르친다.

성경은 그런 식으로 우리를 재건한다. 성경은 어리석은 자를 지혜로운 사람으로 만들고, 우리를 올바로 교정한다.

산소 공급

성경은 여기에서 한 걸음 더 깊이 나아간다. 다시 말해, 성경은 우리를 올바로 교정할 뿐 아니라 우리에게 산소를 공급한다. 성경이 필요한 이유는 우리의 생각이 잘못되었기 때문만이 아니라 우리의 영혼이 공허하기 때문이다.

이것이 내가 호흡이라는 비유적 표현을 사용한 이유다. 숨을 크게 들이쉬면 신선한 공기가 폐를 가득 채운다. 그러면 산소가 공급되어 마음이 차분해지고, 정신이 맑아지며, 집중력이 살아난다. 성경 읽기가 우리에게 영적으로 미치는 영향은 들숨이 우리에게 육체적으로 미치는 영향과 비슷하다.

하나님은 쉽게 변하는 불확실한 이 세상을 살아가는 우리에게 말씀을 허락하셨다. 말씀은 구체적이며, 견고하다. 우리는 모래와도 같은 종잡을 수 없는 삶 속에서 성경이라는 반석을 붙잡을 수 있다. 성경 말씀은 오늘이나 내일이나 전혀 변함이 없다. 그러나 친구들은 그렇지가 못하다. 친구들은 왔다가 사라진다. 그들은 오늘 충실하다가도 내일이 되면 등을 돌린다. 부모와 그들의 조언도 영원하지 못하고, 목회자도 원할 때마다 항상 연락이 가능한 것은 아니다. 지혜로운 조언을 베푼 상담사도 언젠가는 은퇴할 테고, 또 피상담자인 우리가 다른 곳으로 이사할 수도 있다. 그러나 내일 아침에 잠자리에서 일어나는 순간에 스트레스를 주는 그 어떤 일이 떠올라 그 날 하루의 걱정으로 신음하더라도 우리의 친구인 성경은 언제나 변함없이 한결같다. 성경은 항상 있는 그 자리에서 자기를 펼쳐주기를 기다리며, 온갖 의문에 대한 대답을 찾는 우리를 견고하게 지탱해준다. 성경은 우리를·회피하지 않고, 우리가 원하는 것을 제공한다. 가장 확실한 지혜와 안전을 확보하는 길은 성경 말씀 위에 우리의 삶을 건설하는 것이다(마 7:24-27).

사실, 우리는 성경을 '그것'(it)이 아닌 '그'(he)로 일컬어야 한다. 하나님이 친히 성경을 통해 우리에게 말씀하신다. 성경이 변하지 않는 이유는 하나님이 변하지 않으시기 때문이다. 성경은 모든 책들 가운데 가장 훌륭한 책이 아니다. 성경은 종류가 다른 책이다. 성경은 다른 책들과 성격이 전혀 다르다. 겉표지가 달려 있고, 그 사이에 검은색의 작은 글자들이 인쇄되어 있다는 점에서는 다른 책들과 흡사하지만, 빗물이 호스에서 나오는 수돗물과 다른 것처럼 성경은 다른 책들과 분명하게 구별된다. 성경 말씀은 위로부터 내려와서 우리의 수단과 방법으로 얻을 수 있는 것을 훨씬 능가하는 자양분을 제공한다.

왜 그럴까? 그 이유는 성경의 저자가 하나님이시고, 그분이 무엇이 우리의 성장에 필요한지를 정확하게 알고 계시기 때문이다. 물론 성경은 인간 저자들이 기록했다. 그러나 성경은 "성령의 감동하심을 받은 사람들이 하나님께 받아 말한 것이다"(벤후 1:21). 그렇다면 하나님과 인간 중에 누가 성경을 기록했다는 말일까? 둘 다다. 먼저 하나님이 말씀하셨고, 그것을 인간이 기록한 것이다. 하나님은 예레미야에게 "보라 내가 내 말을 네 입에 두었노라"(렘 1:9)라고 말씀하셨다. 하나님이 사람들의 입을 통해 말씀하셨다. 말씀은 하나님의 것이다. 그분이 인간 저자들의 독특한 인격과 언어를 통해 말씀을 허락하셨다. 이것이 요한의 문체는 단순하면서 정교하고, 마가의 문체는 간결하면서 투박하며, 바울의 문체는 길면서 화려한 이유다. 그러나 세 사람 모두 하나님의 말씀을 기록했다는 점에서는 다 똑같다.

성경은 여러 언어(히브리어, 아람어, 헬라어)로 기록되었기 때문에 본래의 의미를 최대한 정확하게 살려 읽기 쉬운 품격 있는 문체의 자국어로 번역한 성경을 읽는다면 더할 나위 없이 큰 유익을 얻을 수 있다. 나는 영어 성경 가운데 〈영어 표준역 성경〉(ESV)이 가장 뛰어난 번역 성경이라고 생각한다. 아울러, 시간을 들여 성경 원어를 배운다면, 얼마만큼의 노력을 쏟아부었든 그보다 훨씬 더 큰 유익을 얻을 수 있을 것이다. 교회의 건강은 성경 원어에 대한 지식이 달려 있고, 목회자들과 교회 지도자들은 배울 마음이 있는 교인들을 불러모아 함께 성경 원어를 공부해야 한다.[76]

좋은 소식을 전하는 책

우리 가운데는 성경을 통해 산소를 공급받기는커녕 질식을 일으키는 사람들이 적지 않다. 협탁 위에는 성경이 놓여 있다. 우리는 그것을 펼쳐 읽어야 한다는 것을 알고 있고, 이따금 그렇게 하지만

---

[76] 성경 원어 학습의 중요성을 적절하게 밝힌 내용의 글을 원한다면 다음의 자료를 참조하라. Dirk Jongkind, *An Introduction to the Greek New Testament Produced at Tyndale House, Cambridge* (Wheaton, IL: Crossway, 2019).

대개는 마지못해 억지로 해야 할 의무처럼 생각하는 경향이 있다. 삶은 그 자체로 충분히 부담스럽다. 그런데 부담스러운 일을 더 해야 할까? 사는 방법을 가르치는 말을 더 들어야 할까?

심정은 충분히 이해가 가지만, 그것은 매우 잘못된 생각이다. 우리는 지금까지 계속해서 죄인의 삶이 어떻게 진정으로 변화될 수 있는지에 대해 생각해 왔다. 이제 이 문제와 관련해 성경에 관해 내가 말하고 싶은 핵심에 도달했다. 성경은 격려의 말이 아닌 좋은 소식(뉴스)이다. 뉴스는 무엇인가? 뉴스는 일어난 일을 보도하는 것이다. 성경은 신문의 고민 상담란이 아닌 1면 기사와 같다. 물론, 성경에는 조언도 풍부하다. 그러나 척추에서 갈비뼈가 솟아 나오고, 불에서 불꽃이 이는 것처럼, 성경의 권고와 명령은 성경의 핵심 메시지에서 비롯한다. 바울은 "성경의 위로로 소망을 가지게 함이로라"(롬 15:4)라는 말로 구약성경이 기록된 이유를 밝혔다. 그는 "성경은 능히 너로 하여금 그리스도 예수 안에 잇는 믿음으로 말미암아 구원에 이르는 지혜가 있게 하느니라"(딤후 3:15)라고 말했다. 성경은 억압이 아닌 도움을 제공한다. 성경은 우리를 낙심시키기 위해서가 아니라 활력을 주기 위해 기록되었다. 우리가 성경을 펼쳐 읽으려고 하지 않는 이유는 하나님에 대한 그릇된 생각 때문이다.

성경을 읽으며 하품하는 것은 심각한 천식이 발작해 산소가 필요한데도 공짜로 제공된 산소 호흡기를 거부한 채 숨을 헐떡이는 것과 같다. 누구를 모방하고, 어떻게 살아야 할지를 알기 위해서보다는 구원이 필요한 죄인들과 구원하기를 좋아하시는 하나님에 관해 알기 위해 성경을 읽으라. 앞에서 다룬 주제들(예수님, 그리스도와의 연합, 칭의, 하나님의 사랑) 하나하나가 성경의 핵심 메시지로 들어가는 하나의 통로였다.

성경이 좋은 소식이라는 것은 분명하다. 어떻게 그렇지 않을 수가 있겠는가? 성경을 읽을 때 흔히 저지르는 잘못은 크게 아홉 가지다.

1) 마음을 훈훈하게 하기 위한 성경 읽기. 본문의 실질적인 의미를 이해 하는 것과 상관없이 단지 말씀을 통해 하나님에 대한 주관적인 경험을 추구함으로써 심령의 불길을 일으키기 위해 성경을 읽으려는 태도. 이 경우는 성경을 읽어도 아무런 실속이 없다.

2) 마지못해 억지로 하는 성경 읽기. 단지 성경을 읽어야 한다는 모호한 생각으로 성경을 읽으려는 태도, 즉 하나님의 등쌀에 못 이겨 어쩔 수 없이 성경을 읽으려는 태도. 이 경우는 불만스러운 성경 읽기가 이루어지기 쉽다.

3) 금광을 캐겠다는 식의 성경 읽기. 성경이 어둡고, 광대한 광산과 같다고 생각하고 때로 금덩이와도 같은 영감을 얻기 위해 성경을 읽으려는 태도. 이 경우는 혼란스러운 성경 읽기가 이루어지기 쉽다.

4) 영웅을 모방하겠다는 식의 성경 읽기. 성경이 도덕적인 명예의 전당과 같다고 생각하고, 모방할 수 있는 영웅적인 영적 거장들을 찾기 위해 성경을 읽으려는 태도. 이 경우는 자괴감을 느끼게 만드는 성경 읽기가 이루어지기 쉽다.

5) 규칙을 발견하겠다는 식의 성경 읽기. 개인적인 우월성을 강화하려는 은밀한 의도를 품고서 복종해야 할 명령들을 찾기 위해 성경을 읽으려는 태도. 이 경우는 바리새적인 성경 읽기가 이루어지기 쉽다.

6) 인디애나 존스와 같은 식의 성경 읽기. 성경을 나의 삶과는 무관한, 수천 년 전에 중동 지역에서 일어난 사건들을 다룬 고대의 문서로 생각하고 성경을 읽으려는 태도. 이 경우는 따분하고, 지루한 성경 읽기가 이루어지기 쉽다.

7) 조언을 구하겠다는 식의 성경 읽기. 성경을 삶을 위한 지침서로 생각하고 직장, 결혼 상대자, 사고 싶은 자동차 등에 관한 지침을 얻기 위해 성경을 읽으려는 태도. 이 경우는 초조하고, 불안한 성경 읽기가 이루어지기 쉽다.

8) 이솝 우화를 읽는 식의 성경 읽기. 성경을 도덕적인 교훈을 제공하는 갖가지 흥미로운 이야기들을 모아놓은 책으로 생각하고 읽으려는 태도. 이 경우는 연결성이 없는 성경 읽기가 이루어지기 쉽다.

9) 신학적 교리를 알기 위한 성경 읽기. 성경을 신학적 교리의 저장고로 생각하고 다음번의 신학적 논쟁에 사용할 소재를 찾기 위해 성경을 읽으려는 태도. 이 경우는 냉랭한 성경 읽기가 이루어지기 쉽다.

이런 접근 태도들은 제각각 약간의 유익을 제공하지만, 그 가운데 어느 한 가지에만 의존한다면 성경은 즉각 본래 의도된 책과 전혀 다른 책으로 변질될 수밖에 없다. 성경을 올바로 읽으려면, '복음적인 성경 읽기'를 시도해야 한다. 이것은 개개의 성경 말씀이 예수 그리스도에게서 절정에 이르는 하나의 일관된 줄거리를 형성하고 있다고 생각하고 성경을 읽는 것을 말한다. 소설책을 중간쯤 펼쳐 문맥과 상관없이 달랑 한 단락을 읽고 나서 그 의미를 이해하기를 기대할 수 없는 것처럼, 성경의 전체적인 줄거리를 알지 못한 상태에서 개개의 구절이 지닌 의미를 다 이해하기를 바랄 수는 없는 법이다. 성경의 주된 이야기는 하나님이 독생자 예수님을 보내 아담과 이스라엘과 우리 자신이 하지 못했던 일(하나님을 영화롭게 하고, 그분께 온전히 복종하는 것)을 하게 하셨다는 것이다. 예수님은 당시의 종교 지도자들과 나눈 신학적 논쟁에서 모세의 율법을 충실히 지켰다고 주장하면서도 그리스도를 거부했던 그들에게 "모세를 믿었으면 또 나를 믿었으리니 이는 그가 내게 대하여 기록하였음이라"(요 5:46)라고 말씀하셨고, 제자들에게도 "내가 너희와 함께 있을 때에 너희에게 말한 바 곧 모세의 율법과 선지자의 글과 시편(구약성경 전체를 가리키는 표현)에 나를 가리켜 기록된 모든 것이 이루어져야 하리라 한 말이 이것이라"(눅 24:44)라고 말씀하셨다.

성경은 좋은 소식이다, 성경은 복음으로 알고 읽어야 한다. 그렇게 해야만 변화를 일으키는 성경 읽기가 이루어질 수 있고, 성장이 가능해진다. 루터는 이렇게 말했다.

성경을 유익하고, 올바른 방식으로 읽으려면 그 안에서 그리스도를 발견해야 한다. 그렇게 하면 어김없이 생명을 발견할 수 있다. 모세의 율법과 선지자들의 글을 읽고서 그리스도께서 나의 구원을 위해 하늘에서 내려와 인성을 취하고, 고난을 받아 죽어 장사되었다가 부활해 하늘로 승천하심으로써 그분을 통해 하나님과 화목했고, 모든 죄가 용서받고, 은혜와 의와 영생을 얻었다는 사실을 발견하지 못한다면, 성경을 읽었더라도 나의 구원에 아무런 도움이 되지 못한다.

물론 성경을 읽고, 연구하고, 알게 된 것을 설교하면 학식 있는 사람이 될지는 모르지만, 실질적인 유익은 아무것도 얻을 수 없을 것이다.[77]

성경을 읽는 습관을 기르라

더 깊이 있는 인간이 되어 그리스도 안에서 성장하기를 원한다면, 성경 안으로 들어가는 만큼만 그분과 함께 더 깊은 곳으로 나아갈 수 있다는 진리를 받아들여야 한다. 성경을 읽는 것은 곧 그리스도에 관해 읽는 것이다. 성경을 읽는 것은 그분의 음성을 듣는 것이다. 위로와 조언을 건네는 그리스도의 음성을 듣는다는 것은 하나님이 본래 의도하신 인간이 되라는 초청의 말씀을 듣는 것이다.

아침 식사를 하는 습관을 기르게 된 것처럼, 성경을 읽는 습관을 기르라. 인간은 습관을 형성하는 특성이 있는 피조물이다. 모닝커피 마시기, 저녁 후식 먹기, 자동차 관리하기, 달리기 운동이나 영화 감상이나 조류 관찰과 같은 스트레스 풀기와 같은 우리의 모든 습관이 오랜 기간에 걸쳐 후천적으로 굳어져 매일의 의식처럼 변했다. 그런 의식을 치르지 않으면 하루를 정상적으로 살지 못한 듯한 생각이 들 정도다. 내가 말하려는 요점은 성경 읽기를 하루의 가장 중요한 의식으로 만들라는 것이다. 성경을 읽지 않으면 하루를

77 Martin Luther, *Sermons I, in Luther's Works,* ed. Jaroslav Pelikan and Helmut T. Lehmann, 55 vols. (Philadelphia: Fortress, 1955 – 1986), 51:4.

정상적으로 살지 못했다는 느낌이 들도록 성경 읽기를 습관화하라. 물론, 성경 읽기가 우리를 억압하고, 단죄하는 율법이 되어서는 안 된다. 성경 읽기를 며칠 빼먹었다고 해서 하나님의 은혜가 줄어드는 것은 결코 아니다. 그러나 영적 양식을 건너뛰면 영혼의 건강이 위태로울 수 있다는 점을 잊어서는 안 된다. 항상 영혼의 건강을 유지하려고 노력하라. 복음의 링거 주사를 빼지 말고, 매일 성경을 읽음으로써 성경의 도움과 조언과 약속을 의지하라. 성경으로부터 생명력과 활력을 얻으라.

앞서 사용한 비유적 표현을 다시 빌린다면, 천식을 앓는 우리의 영혼에 성경의 산소 공급기를 연결하라고 말하고 싶다. 성경 읽기는 들숨에 해당한다.

날숨

그와는 달리, 기도는 날숨에 해당한다. 호흡은 들숨과 날숨으로 이루어진다. 생명을 주는 하나님의 말씀을 들이쉬고, 기도로 그것을 다시 하나님께 내쉰다.

그리스도 안에서의 성장을 다루는 이 책에서 성경과 기도를 한꺼번에 다루는 이유는 이 둘이 상호 의존적인 관계를 맺고 있기 때문이다. 우리는 이 두 가지 활동이 서로 별개라고 생각하는 경향이 있다. 우리는 성경 읽기와 기도를 따로 한다. 그러나 가장 효과적인

기도 방법은 성경을 읽고, 그것을 기도로 전환하는 것이고,[78] 가장
좋은 성경 읽기 방법은 기도하며 읽는 것이다.

기도는 이 책의 논의와 어떤 관련이 있을까? 이 책의 주제는 그
리스도 안에서의 성장이다. 기독교적인 삶의 핵심은 더 많은 행위
나 더 나은 행위를 하는 것이 아니라 더 깊이 나아가는 것이다. 이
것이 이 책의 요점이다. 내가 강조해 온 것은 복음(그리스도의 사랑과 우
리와 그분과의 연합) 안으로 깊이 나아갈 때 성장이 이루어진다는 것이
다. 지금 우리는 기도에 관해 생각하는 중이다. 다시 말해, 그리스도
안에 계시는 하나님께 우리의 영혼을 쏟아내 그분을 바라고, 갈망
하고, 영접하고, 그분 안에 머물고, 그분의 무한한 사랑에 감사하는
법을 살펴보는 중이다. 복음은 성경을 통해 우리에게 주어지고, 우
리는 기도로 그것을 받아들여 누린다.

기도를 성경 읽기와 연관시키는 것은 하나님이 살아있는 존재,
곧 신자들이 실제로 매 순간 관계를 맺을 수 있는 인격체시라는 사
실을 인정한다는 의미다. 하나님은 성경으로 우리에게 말씀하시고,
우리는 기도로 그분께 말한다. 기도하지 않는 것은 하나님을 살아있
는 인격체로 믿지 않는 것과 같다. 그런 경우는 말로는 믿는다고 해
도 실제로는 믿지 않는 것이다. 기도하지 않는 것은 하나님을 비인
격적인 힘, 곧 플라톤이 말한 이상적인 존재처럼 막연하고도 어렴풋
하고, 강력하면서도 추상적인 존재로 생각하는 것이다. 한마디로, 그

---

78 이 목적을 위한 참으로 유용한 실천적 안내서로는 Donald S. Whitney, *Praying the Bible*
(Wheaton, IL: Crossway, 2015)을 보라.

것은 그분을 아버지로 생각하지 않는다는 뜻이다.

아버지에게 말하는 어린 자녀처럼

나는 내 자녀들에게 말하려고 노력하라고 재촉한 적이 없다. 녀석들은 처음 태어났을 때 숨을 쉬기 시작했던 것만큼이나 자연스럽게 몇 달이 지나면서부터 말을 하려고 애쓰기 시작했다. 말을 하려는 충동은 녀석들의 타고난 본성이었다.

그와 마찬가지로 하나님의 자녀들도 자신들의 내면에서 자연스럽게 하늘에 계신 아버지께 말을 하려는 충동을 느낀다. 로마서와 갈라디아서가 가르치는 대로, 성령께서 우리 안에 내주하시면 성부 하나님을 '아빠 아버지'로 부르며 그분께 말을 하려는 충동이 일어난다(롬 8:15, 갈 4:6). 이것은 친밀함과 의존심을 나타내는 부르짖음(즉 어린 자녀의 부르짖음)이다. 우리는 무엇을, 어떻게 기도해야 할지 정확히 알지 못할 때가 많다. 예수님은 그런 우리를 돕기 위해 주기도를 가르치셨다. 우리 안에서 역사하시는 성령과 우리의 기억 속에 간직된 성경 말씀도 우리를 도와 갓난아이의 옹알이와 같은 소리를 하늘을 향해 쏟아내게 한다. 예수님은 무엇을 기도해야 할지를 가르쳐주셨지만, 우리가 기도할 바를 알지 못할 때는 "성령이 말할 수 없는 탄식으로 우리를 위하여 친히 간구하신다"(롬 8:26). 우리는 성령으로 그리스도와 연합했기 때문에 하나님이 우리 안에 거하신다. '성령이…친히 간구하신다'라는 말씀대로, 우리가 기도할 수 없을 때는 하나님이 우리를 위해 기도하신다.

우리는 기도하며 하루를 살아가야 한다. 성경은 "쉬지 말고 기도하라"(살전 5:17)라고 가르친다. 도저히 지킬 수 없는 말처럼 들릴 수도 있다. 온종일 기도해야 한다면 언제 음식을 먹고, 잠을 자고, 친구들과 어울린단 말인가? 그러나 이 말씀은 그런 의미가 아니다. 이 말씀의 요점은 단지 아침이나 저녁에 몇 분 동안만 기도하지 말고, 평생을 기도하며 살아가라는 것이다. 물론, 계획을 세워 집중적으로 기도할 수 있는 시간을 마련하는 것도 꼭 필요한 일이다. 그러나 매일 그렇게만 한다면, 곧 온종일 따로 마련한 몇 분의 시간에 몇 가지 필요한 것만 기도한다면 하나님을 아버지로 인정한다고 말할 수 없다. 그런 태도는 이 책의 앞에서 다루었던 현실들(예수 그리스도와의 연합, 그분의 실체 등)을 받아들이지 않는다는 증거다.[79]

열 살 된 딸이 아버지는 수없이 사랑을 표현하는데도 그에게 아무 말도 하지 않고, 무엇을 요구하지도 않고, 고맙다고 말하지도 않고, 사랑을 표현한 적도 없다면, 어떻게 생각해야 할까? 그런 경우에는 그 소녀가 아버지를 실제가 아닌 추상적인 개념으로 알고 있다고 생각할 수밖에 없을 것이다. 그 소녀에게 아버지의 사랑은 전혀 현실이 아니다.

기도하며 하루를 살아가라. 매 순간 하나님을 아버지로 여기라. 아침에 성경을 통해 말씀하시는 그분의 음성을 듣고, 그것을 다시

---

[79] 하나님의 자녀로 입양된 상태를 의식하며 하루하루를 기도하며 살아가라는 말의 의미를 좀 더 자세히 알고 싶으면 다음의 자료를 참조하라. 이것은 내가 알고 있는 기도에 관한 책들 가운데 가장 뛰어난 책이다. Paul E. Miller, *A Praying Life: Connecting with God in a Distracting World*, rev.ed. (Colorado Springs: NavPress, 2017).

기도로 말하라. 그러고 나서는 그분과 함께했던 시간, 곧 그분과 나누었던 교제를 그대로 간직한 채로 하루의 일과를 시작하고, 하루를 살아가는 동안에도 끊임없이 그분과 교통하라.

성경의 기도서

지금 기독교적 삶과 기도의 관계를 살펴보는 중이다. 이번에는 이와 관련해 성경에 속한 책 한 권을 잠시 살펴봐야 할 필요가 있다. 그것은 다름 아닌 시편이다. 시편은 순전히 기도만으로 이루어진 책이다. 앞서 말한 대로, 하나님은 성경을 통해 우리에게 말씀하신다. 성경에서 하나님을 향해 말한 책은 시편이 유일하다. 하나님은 시편을 통해 우리에게 자기에게 해야 할 말을 가르치신다. 시편은 기도서다.

그리스도 안에서 성장하려면 시편을 평생의 동반자로 삼는 습관을 길러야 한다. 시편과 깊이 사귀라. 시편의 기도를 등한시해서는 안 된다. 시편은 광야와도 같은 이 타락한 세상에서 살아가면서 우리가 느끼고 겪는 고뇌와 감정과 상황을 표현할 수 있는 거룩한 목소리가 되어준다. 좀 더 정확하게 말하면, 시편은 우리의 마음을 복음을 향하도록 훈련한다. 시편은 우리가 고백하는 위대하고, 영광스러운 진리들, 무엇보다 그리스도의 십자가로 우리를 인도한다. 칼빈은 이렇게 말했다.

시편은 거룩하고, 경건하고, 의로운 삶을 살아가도록 이끄는 계명들을 많이 가르치지만, 다른 무엇보다도 십자가를 짊어질 수 있도록 우리를 가르치고, 훈련하는 역할을 한다. 십자가를 짊어지는 것은 우리의 복종을 나타내는 참된 증거다. 십자가를 짊어진다는 것은 우리의 감정을 따르기를 거부하고, 우리 자신을 하나님께 온전히 복종시켜 그분이 우리를 다스리고, 그분의 뜻대로 우리의 삶을 처분하시도록 허용하는 것을 의미한다. 우리의 본성을 거스르는 가장 혹독하고, 가혹한 고난이 달콤한 것으로 바뀌는 이유는 그것이 하나님으로부터 기인하는 것이기 때문이다.

간단히 말해, 우리는 여기에서 하나님의 선하심을 높이 칭송해 오직 그분만을 의지하도록 돕는 일반적인 가르침만이 아니라 값없이 주어지는 죄 사함을 발견한다. 우리와 하나님을 화목하게 하고, 그분과 평화를 누릴 수 있게 하는 죄 사함이 여기에 그처럼 영광스럽게 드러나 있기 때문에 영원한 구원에 관한 지식을 얻는 데 조금도 모자람이 없다.[80]

시편을 천천히 묵상하며 읽으면서 우리 마음의 고뇌를 어떻게 어루만져주는지를 유심히 살피면, 마치 우리 자신이 생각하는 것처럼 느껴지면서 "이 시인들이 나를 알고 있구나."라는 생각이 들 것이다. 사실, 그들은 나보다 나를 더 잘 알고 있고, 나보다 나의 죄를 더 분명하게 본다. 그들은 하나님의 구원이 놀랍도록 풍성하다는 것을 나보다 더 잘 알고 있다. 간단히 말해, 그들은 나를 더 깊은 곳

---

80 John Calvin, "Preface to the Commentary on the Psalms," in *John Calvin: Writings on Pastoral Piety*, ed. Elsie McKie (New York: Paulist, 2001), 58.

으로 이끌어 그리스도 안에서 성장하도록 돕는다.

들숨, 날숨

2020년 5월에 〈월스트리트 저널〉에 제임스 네스터가 기고한 "올바른 호흡법의 치유력"이라는 제목의 글이 실렸다. 제목 아래에는 "숨을 들이쉬고 내쉬는 법이 우리의 건강에 큰 영향을 미친다."는 문장이 적혀 있었다.[81] 영적으로 말하면, 이것이 곧 내가 이번 장에서 말하려는 요점이다.

호흡을 멈춘 채 살아가려고 애쓰는 사람은 아무도 없을 것이 틀림없다. 성경 읽기와 기도 없이 살지 말라. 영혼의 호흡을 멈추지 말라. 성경의 산소를 들이쉬고, 기도의 이산화탄소를 내쉬어라. 하나님께 우리의 의문, 걱정, 기다림을 토로하라. 그분은 비인격적인 힘이나 이상적 존재나 기계가 아닌 인격체이시다. 성경과 기도를 통해 우리의 삶과 하늘을 잇는 통로를 만들라.

그렇게 하면 성장할 것이다. 성장하는 것이 매일 느껴지지 않더라도 인생을 끝마칠 때가 되면 견실하고, 훌륭한 신자가 되어 천국의 향기를 남기게 될 것이고, 세상에 축복을 전해준 가치 있는 삶을 살았던 사람으로 기억되게 될 것이다.

---

81 James Nestor, "The Healing Power of Proper Breathing," *Wall Street Journal* (website), May 21, 2020, https://www.wsj.com/articles/the-healing-power-of-proper-breathing-11590098696.

9

초자연적인 삶

이디스 쉐퍼는 《태피스트리》라는 책에서 자신의 남편 프랜시스가 던진 질문으로 촉발된 대화 내용을 소개했다.

"여보, 만일 우리가 내일 잠에서 깨었는데 성령의 현실과 사역에 관한 가르침과 기도에 관한 가르침이 모두 성경에서 사라진다면 대다수 교회와 기독교 사역에 어떤 일이 일어날지 궁금하구려. 나는 지금 그런 가르침들이 단지 무시되는 것이 아니라 실제로 삭제되어 완전히 없어진다는 뜻으로 말했소. 그렇게 되면 얼마나 큰 변화가 있을지 궁금한 생각이 들었소."

우리는 교회 운영 위원회나 제직회는 물론이고, 어떤 결정을 내리거나 활동을 하든 그렇게 큰 차이가 없을 것이라는 결론에 도달

했다.[82]

　기독교 사역과 기독교적 삶이 타성에 쉽게 빠져드는 이유는 하나님께는 우리의 노력에 약간의 축복만을 보태달라고 요구하는 것으로 그치고, 우리 자신의 힘을 주로 의지하기 때문이다. 우리는 심지어 거듭난 신자인데도 그런 사실조차 의식하지 못한 채 행동하는 경향이 있다. 그런 경향은 람보르기니 엔진이 장착된 자동차를 마치 〈고인돌 가족〉에 등장하는 프레드 플린스톤처럼 다리 힘을 이용해 걸어가는 것처럼 몰고 가려는 것과 같다고 할 만큼 퇴행적이다. 교리가 올바르다고 하더라도 불과 생명력이 없으면 마지막 날에 엄중한 심판을 받게 될 뿐이다. 불과 생명력, 활력과 능력, 우리가 갈망하는 천국을 엿보는 것은 성령께 온전히 복종해 그분의 조용하고, 겸손하고, 은혜롭고, 위험을 감수하는 방식을 따를 때 생겨난다.

　이 마지막 장에서는 앞의 여덟 장에서 다룬 것들을 우리의 삶 속에서 실제로 역사하게 만들 수 있는 유일한 방법을 잠시 살펴볼 생각이다. 그것은 바로 내주하시는 성령을 따라 행하는 것이다.

　성부께서는 구원을 계획하시고, 성자께서는 구원을 이루시며, 성령께서는 구원을 적용하신다. 간단히 말해, 성령이 없는 기독교적 삶은 존재하지 않는다. 성령의 사역이 없으면, 기독교적 삶은 한갓 이론에 지나지 않는다. 하나님에 대한 우리의 모든 경험이 성령의 사역에서 비롯한다. 성령께서 우리의 죄와 그리스도의 구원 초

---

82 Edith Schaeffer, *The Tapestry: The Life and Times of Francis and Edith Schaeffer* (Waco, TX: Word, 1981), 356.

청을 깨닫도록 우리의 영적 눈을 열어주셔야만 회심이 이루어진다. 이것은 우리의 영적 성장에도 똑같이 적용된다.

내가 이번 장에서 말하려는 요점은 성령 때문에 성장할 수 있다는 것이다. 우리는 성장할 수 있다. 허무한 느낌, 불가능하다는 생각, 영원히 답보 상태를 벗어나지 못할 것 같은 실망감 따위는 천국이 아닌 지옥에서 비롯하는 것이다. 사탄은 우리가 어쩔 수 없다는 듯 죄를 묵인하기를 바라지만, 예수 그리스도께서는 우리가 왕성하게 성장하기를 원하신다. 그리스도께서는 우리가 단번에 내버릴 수 없을 것처럼 보이는 죄가 우리의 마음을 어떻게 지배하고 있는지를 우리보다 더 잘 알고 계신다. 그분은 우리를 그런 어둠에서 건져내는 데 필요한 준비와 능력을 철저하게 갖추고 계신다. 그분은 우리에게 가장 귀한 선물, 곧 성령을 허락하셨다. 성령이 없으면 이 책에서 지금까지 말한 것이 모두 추상적인 것이 되고 만다. 모든 것이 그저 훌륭한 이론일 뿐, 아무것도 아닌 것이 된다. 성령께서는 교리를 능력으로 바꾸는 생명력을 제공하신다.

하나님은 성령을 통해 우리 안으로 들어오신다. 우리가 그리스도인이라면, 성령께서는 우리 안에 영원히 내주하신다. 성령께서 우리 안에 영원히 내주하시면, 우리는 초자연적인 능력을 얻는다. 우리는 더 이상 혼자가 아니다. 우리 안에 동반자가 살고 계신다. 그분은 그곳에 머물며 그리스도 안에서 성장하는 데 필요한 모든 것을 공급하신다.

그런데도 죄 가운데 머물러 있기를 고집한다면, 언젠가 하나님 앞에 서서 그분이 아무런 도움도 제공하지 않으셨다고 말할 수 없을 것이다.

새로운 시대

성령께서 어떤 일을 하시고, 또 우리에게 어떻게 성장할 능력을 허락하시는지를 알려면 먼저 지금이 역사의 어느 시점인지를 알아야 한다.

예수님은 세상에 와서 "때가 찼다"(막 1:15)고 말씀하셨다. 바울은 "말세를 만난 우리"라는 표현을 사용했고(고전 10:11), 베드로는 예수님이 "말세에 나타나셨다"라고 말했으며(벧전 1:20), 요한은 "지금은 마지막 때라"라고 말했다(요일 2:18). 사도들은 모두 역사 속에서 뭔가 중대한 일이 일어났다는 것을 이해했다. 그렇다면 그들은 어떤 의미로 그렇게 말했을까?

인류 역사가 단절되지 않고 계속 진행하다가 예수님이 재림하실 때 결정적인 순간에 이르게 될 것으로 생각하는 것이 일반적이다. 그러나 성경에 따르면, 가장 결정적인 역사의 전환점이 이미 이루어진 상태다. 예수님이 세상에 와서 죽었다가 부활하셨을 때, 하나님은 단지 구원을 제공하는 데 그치지 않고 새 창조를 시작하셨다. 비참한 세상이 끝나고 제2의 에덴의 시대가 열릴 역사의 종말이 역사 속에서 이미 시작되었다. 괜한 허풍을 떠는 것처럼 들리는가? 그렇다면 이렇게 생각해 보라. 구약성경은 세상의 종말에 어떤 일이 일어날 것이라고 예고했는가?

1) 아담으로 인해 에덴동산에서 발생한 죄의 타락이 원상태로 회복될 것이다.

2) 하나님이 새 창조를 이루실 것이다.

3) 죄와 악이 심판받을 것이다.

4) 하나님이 원수들을 단번에 제압하고 승리하실 것이다.

5) 하나님의 백성이 옹호될 것이다.

6) 민족들이 예루살렘에 모일 것이다.

7) 메시아가 올 것이다.

8) 마지막 왕국이 시작될 것이다.

9) 죽은 자들이 살아날 것이다.

사도들은 신약성경에서 구약성경에서 그러했던 것처럼 이 마지막 사건들을 예고하지 않았다. 그들은 그것들이 모두 성취되었다고 선언했다.

1) 두 번째 아담이 첫 번째 아담이 실패한 방식과 똑같은 방식으로 승리를 거두었다. 둘 다 사탄의 유혹을 받았지만, 전자는 굴복했고, 후자는 승리했다(눅 3:38-4:13). 예수님은 사역 초기는 물론, 사역하는 동안 내내 승리자 아담의 위상을 보여주셨다. 예를 들어, 아담은 사탄을 에덴동산에서 쫓아내지 못했지만, 그리스도께서는 귀신들을 쫓아내셨다.

2) 하나님의 새 창조가 시작되었다(고후 5:17, 갈 6:15).

3) 예수님의 십자가를 통해 죄가 단번에 심판받았다. 그리스도께서는

십자가에 못 박히는 순간, 종말의 심판을 경험하셨다. 모든 심판이 그리스도 한 분에게 쏟아졌다(롬 5:9, 살전 5:9).

4) 하나님은 예수님의 십자가를 통해 원수들을 완전히 제압하고 승리하셨다(골 2:13-15).

5) 하나님의 백성이 '의롭다 함을 받음으로써' 옹호되었다(롬 5:1). 마지막 때에 있을 것으로 예고된 '무죄 선고'가 역사 속에서 일어난 사건을 근거로 이루어졌다.

6) 이방인들이 대거 구원받고 있다(롬 15:8-27).

7) 메시아가 역사 속에 나타났다(롬 1:3, 4).

8) 예수님이 말씀하신 대로 하나님 나라가 임했다(막 1:15, 행 20:25, 28:31, 롬 14:17 참조). 우리는 지금 말세를 살고 있다(히 1:2).

9) 죽은 자들이 육체적으로가 아닌 영적으로 그리스도 안에서 다시 살아났다. 그리스도인은 '그리스도와 함께 일으킴을 받은' 자를 의미한다(엡 2:6, 골 3:1).

이 모든 것은 영광스럽다. 그러나 새 시대가 열렸다는 증표가 하나 더 있다. 이것은 메시아의 강림과 짝을 이루는 가장 중요한 증표에 해당한다. 구체적으로 말해, 성령께서 강림하셨다. 게할더스 보스는 "바울이 가르친 성령의 개념과 그 종말론적 측면"이라는 논문에서 이 점을 입증해 보였다.[83] 바울 신학 안에서 성령의 강림은 새

---

83 Geerhardus Vos, "The Eschatological Aspect of the Pauline Conception of the Spirit," in *Redemptive History and Biblical Interpretation: The Shorter Writings of Geerhardus Vos*,

시대가 시작된 확실한 증표로 간주되었다는 것이 그가 말하는 요점이었다.

구약 시대에 이루어진 성령의 사역은 선별적이었다. 예를 들어, 성령께서는 브살렐과 오홀리압에게 특별히 임해 하나님이 거하실 성막을 짓게 하셨다(출 31:1-6). 그러나 신약 시대에는 하나님의 모든 백성에게 성령이 임하셨다. 그들 자체가 하나님이 거하시는 성전이다. 성령께서는 하나님의 모든 백성에게 주어지는 선물이시다. 그분은 예수님의 뒤를 계승하셨다. 예수님은 자기가 떠나야만 성령께서 임하실 것이라고 말씀하셨다(요 16:7, 14:12-17 참조). 우리는 성령 안에서 예수님과 직접 대화를 나누고, 음식을 함께 먹었던 사람들보다 더 놀라운 일을 경험한다. 성령의 강림이 곧 새 창조가 시작되었다는 증표다.

그리스도인이라면 누구나 옛 시대에서 새 시대로 옮겨졌다. 우리의 삶에 성령께서 임하신 것이 그 증거다. 우리가 여전히 죄와 고통과 공허함에서 벗어나지 못하는 이유는 새 시대가 시작했더라도 옛 시대가 완전히 근절되지 않고, 그 둘이 겹쳐 있기 때문이다. 이것이 신학자들이 '두 시대의 겹침'을 논하는 이유다. 옛 시대가 멈추고, 새 시대가 시작한 것이 아니다. 옛 시대가 진행하는 가운데 새 시대가 시작된 것이다. 예수님이 재림하시면 옛 시대는 완전히 종말을 고할 것이다. 그러나 옛 시대가 지금도 계속된다고 해서 2천 년 전

ed. Richard B. Gaffin Jr. (Phillipsburg, NJ: Presbyterian and Reformed, 1980), 91 – 125.

에 새 시대가 시작되었다는 놀라운 사실을 잊어서는 안 된다.

우리는 종말론적인 피조물이다. 우리는 이 세상에서 완전해질 수 없다. 우리는 우리의 생각과 욕망에 영향을 미치는 자기중심적인 성향으로부터 단 1분도 자유로울 수 없다. 그러나 성령보다 더 강력한 죄는 존재하지 않는다. 우리가 물리칠 수 없는 죄는 없다. 우리의 시민권은 하늘에 있다. 우리의 내면에는 우리를 우리의 가장 어두운 죄에서 언제라도 건져낼 준비와 능력을 갖춘 친구가 계신다. 우리의 영적 정체성 덕분에 우리는 현세에서도 하늘에 주소를 두고 살아간다.

세 종류의 인간

한 가지 문제는 성령이 없어도 올바른 행위를 할 수 있는 것처럼 보인다는 것이다. 성령께서 내주하지 않으시는데도 올바르게 살아가는 사람이 많지 않은가? 물론이다. 그것은 모든 사람이 하나님의 형상으로 창조되었기 때문이다. 하나님은 보편적으로 베푸는 일반 은혜를 통해 많은 악을 억제하신다.

그러나 우리는 여전히 "도덕적인 삶을 사는 데 성령의 도움이 실제로 필요할까?"라고 궁금해할 수 있다. 이 물음에는 "도덕적인 삶을 사는 데는 성령의 도움이 필요하지 않지만, 초자연적인 삶을 사는 데는 그분의 도움이 필요하다."라고 대답할 수 있다. 다시 말해, 겉모습만 다를 것 같으면 성령의 도움이 필요하지 않지만, 내면이 다르려면 그분의 도움이 필요하다. 단지 하나님께 순종하려면 성령의 도움이 필요 없지만, 그분께 순종하는 것을 즐거워하려면 성령의 도움이 필요하다. 이것이 참된 순종이다. 하나님을 즐거워하는 것 자체가 하나님의 명령이다(신 28:47, 시 37:4, 빌 4:4).

하나님의 명령을 어기는 것도 그분을 거역하는 것이고, 명령을 마지못해 투덜대며 지키는 것도 그분을 거역하는 것이다.

C. S. 루이스는 "세 종류의 인간"이라는 제목의 짧은 글에서 이 점을 명확하게 설명했다. 그는 세상에는 두 종류가 아닌 세 종류의 사람이 있다고 말했다. 첫 번째는 순전히 자신만을 위해 살며 자신의 이기적인 욕망만을 채우는 사람들이고, 두 번째는 양심이든 십계명이든 부모가 가르친 것이든 자신들이 지켜야 할 규칙이 있다는 것을 인정하는 사람들이다. 두 번째 종류의 사람들은 도덕적인 요구를 하는 규칙이 있다는 것을 알지만, 외적인 도덕적 규칙과 자신의 자연적인 욕망 사이에서 갈등을 느낀다. 그로 인해 그들은 항상 규칙을 따르는 것과 자신의 욕망을 추구하는 것 사이에서 갈팡질팡한다. 루이스는 이런 긴장 상태를 세금을 납부하는 것에 비유했다. 두 번째 종류의 사람들은 세금을 충실하게 내지만 자기들이 마음대로 쓸 수 있는 것이 남아 있기를 바란다.

어떤 사람들은 모든 규칙을 무시하고(첫 번째 종류), 어떤 사람들은 모든 규칙을 지킨다(두 번째 종류). 둘 다 신약성경이 가르치는 기독교와는 거리가 멀다. 세 번째 종류의 사람들은 그와는 전혀 다른 양상을 보인다. 루이스는 이렇게 말했다.

세 번째는 바울처럼 "내게 사는 것이 그리스도니"라고 말할 수 있는 사람들이다. 이 사람들은 자아의 주장을 전체적으로 거부해 버림으로써 자아의 뜻과 하나님의 뜻이 충돌하는 피곤한 일을 제거해 버렸다. 과거의 자기중심적인 의지가 완전히 전복되어, 개조되고, 새롭게 되었다. 그리스도의 뜻과 그들의 뜻이 더 이상 충돌하지 않는다. 그들의 시간은 모두 그리스도의 것이고 또한 그들의 것이기도 하다. 그 이유는 그들이 그분의 것이기 때문이다.[84]

루이스는 사람들을 단지 순종하는 자들과 순종하지 않는 자들이라는 두 종류로만 나누는 것은 지나치게 단순한 생각이라고 결론지었다. 세금을 납부하는 식으로 규칙을 지킨다는 점에서 '순종하는 자'로 분류될 수 있지만, 참된 기독교의 핵심은 단지 하나님의 명령을 행하는 것이 아니라 그분을 즐거워하는 데 있다. "그리스도께서 요구하시는 대가는 어떤 점에서 도덕적인 노력보다 훨씬 더 가볍

---

84 C. S. Lewis, "Three Kinds of Men," in *Present Concerns* (London: Fount, 1986), 21. 루이스가 말한 것처럼 명확하고 분명하게 말하지는 않았지만 유사한 표현을 다음의 글에서 찾을 수 있다. Martin Luther, *Career of the Reformer III, in Luther's Works,* ed. Jaroslav Pelikan and Helmut T. Lehmann, 55 vols. (Philadelphia: Fortress, 1955 – 1986), 33:318; Luther, *The Christian in Society I,* in *Luther's Works,* 44:235 – 42 (cf. Luther, *Lectures on Galatians 1–4, in Luther's Works,* 26:125); Adolf Schlatter, *The Theology of the Apostles,* trans. Andreas J. K tenberger (Grand Rapids, MI: Baker, 1997), 102; Geerhardus Vos, "Alleged Legalism in Paul," in Gaffin, *Redemptive History and Biblical Interpretation,* 390 – 92; F. B. Meyer, *The Directory of the Devout Life: Meditations on the Sermon on the Mount* (New York: Revell, 1904), 148 – 51; Herman Ridderbos, *Paul: An Outline of His Theology* (Grand Rapids, MI: Eerdmans, 1975), 137 – 40; S en Kierkegaard, as quoted in Clare Carlisle, *Kierkegaard: A Guide for the Perplexed* (London: Continuum, 2007), 77 – 83; Martyn Lloyd-Jones, *Experiencing the New Birth: Studies in John 3* (Wheaton, IL: Crossway, 2015), 289.

다. 그 대가란 그분을 원하는 것이다."[85]

　이 책의 목적은 그리스도인들이 루이스가 묘사한 두 번째 종류의 사람에서 세 번째 종류의 사람으로 변화되도록 돕는 데 있다. 우리는 성령을 통해 두 번째 종류의 사람에서 세 번째 종류의 사람으로 변화한다. 그리스도의 제자로 성장한다는 것은 우리의 삶에 그리스도를 더하는 것이 아니라 우리의 생명이신 그분의 품에 온전히 안기는 것을 의미한다. 그분은 명예, 돈, 성적 만족과 같은 것들과 경쟁하는, 우리의 새로운 최우선 순위자가 아니시다. 그분은 우리에게 우리의 삶을 자신의 목적에 온전히 내맡기라고 요구하신다. 이것이 성령께서 우리 안에 내주하시는 이유다. 성령께서는 육신의 힘만으로는 절대로 할 수 없는 일을 할 수 있는 능력을 주어 나뉘지 않은 마음으로 그리스도께 충성함으로써 즐거우면서도 무시무시한 자유를 마음껏 누리게 하신다.

　그런 삶을 사는 것이 불가능하게 느껴질 수도 있다. 사실 그렇다. 그런 삶은 불가능하다. 우리의 힘으로 그리스도를 위해 살려고 애를 쓰다가 우리 자신이 얼마나 소심하고, 두려움이 많고, 영적으로 무능력한지를 깨닫기 전까지는 그런 삶을 살 수 없다. 우리 자신의 노력을 포기하고, 하늘을 향해 두 손을 번쩍 추켜들어야만 우리 안에서 비로소 성령의 초자연적인 능력이 왕성하게 역사할 수 있다. 성령께서는 모든 신자 안에 내주하시지만, 우리는 그분의 능력의 사역을 쉽게 소멸시키는 경향이 있다(엡 4:30 참조).

---

85 Lewis, "Three Kinds of Men," 22.

닫힌 구멍은 깨끗이 청소할 수 없고, 가득 찬 잔은 채울 수 없는 것처럼, 우리가 자아를 의존하는 한 성령께서는 우리 안에서 역사하지 않으신다. 그러나 겸손하신 성령께서는 괴로워하는 자, 공허한 자, 애원하는 자, 절망하는 자, 세금을 납부하는 식으로 하나님께 순종하고 남은 것으로 살려고 애쓰는 일에 지친 자의 마음은 절대로 외면하지 않으신다.

시선을 돌리라

그렇다면 성령께서는 어떻게 그리스도인들 안에서 내적 변화를 이루실까?

신약성경은 성령께서 우리에게 그리스도의 탁월하심을 일깨워 우리를 변화시키신다고 대답한다. 삼위일체 하나님 가운데 세 번째 위격이신 성령께서는 두 번째 위격이신 성자를 부각시키는 사역을 행하신다.

어떤 교회들은 성령께 초점을 맞춘다. 그들은 일부 교회가 성령을 등한시한다고 생각하고, "살리는 것은 영이니"(요 6:63), "영의 생각은 생명과 평안이니라"(롬 8:6)라는 말씀들을 근거로 그분의 사역을 중시한다.

그와는 달리 어떤 교회들은 "우리가 그를 전파하여"(골 1:28), "우리는…그리스도를 전하니"(고전 1:23)와 같은 말씀들을 따라 그리스도께 초점을 맞춘다.

그러나 참된 사도적 기독교는 성자나 성령 가운데 어느 한 분을 소홀히 하면 다른 분도 아울러 소홀히 하는 결과가 초래될 수밖에 없다는 것을 잘 알고 있다. 성령께서는 우리의 시선을 그리스도께 고정시키신다. 두 분은 함께 나란히 서로 협력해서 일하신다. 이 점을 보여주는 성경 본문 세 곳을 간단하게 살펴보면 다음과 같다.

첫째, 예수님은 요한복음 14-16장에서 자기가 떠나야만 성령께서 오실 수 있기 때문에 자기가 떠나는 것이 좋다고 제자들에게 말씀하셨다. 그러면서 예수님은 성령의 사역을 이렇게 묘사하셨다. "그가 나를 증언하실 것이요"(요 15:26). "그가 내 영광을 나타내리니"(요 16:14). 성령께서는 성자를 전면에 내세우신다. 성령께서는 그리스도인들 안에서 아무렇게나 마구 역사하지 않으신다. 그분은 예수 그리스도께 초점을 맞추도록 이끄신다. 성령의 주관적인 사역이 그리스도의 객관적인 사역과 협력한다.

둘째, 4장에서 잠시 언급했던 고린도전서 2장 12절을 생각해 보자. "우리가 세상의 영을 받지 아니하고 오직 하나님으로부터 온 영을 받았으니 이는 우리로 하여금 하나님께서 우리에게 은혜로 주신 것들을 알게 하려 하심이라." 우리가 성령을 받은 이유는 은혜로 주신 것들을 이해하기 위해서다. "은혜로 주신"으로 번역된 헬라어는 한 단어, 곧 '은혜'를 뜻하는 '카리스'라는 명사의 동사인 '카리조마이'다. 성령께서는 우리의 눈을 열어 은혜로 주어진 것을 보게 하신다. 고린도전서 2장은 그리스도 중심적인 내용이기 때문에 이 말은 성령께서 우리의 눈을 열어 그리스도 안에서 은혜로 주어진 것을 보게 하신다는 의미로 이해할 수 있다.

셋째, 이번 장에서 '본다'라는 비유적 표현을 사용한 것을 염두에 두고 바울이 고린도후서 3장 18절에서 말한 내용을 생각해 보자. 그는 그곳에서 "주의 영광을 보매"라고 말했다('주'는 문맥상 예수님을 가리킨다). 바울의 요점은 예수님을 보는 것으로 신자들이 변화된다는 것이다. 그러고 나서 그는 "곧 주의 영으로 말미암음이니라"라는 말을 덧붙였다(이것은 그리스도와 성령을 단순히 연결지은 것이 아니라 지극히 친밀한 두 분의 관계를 암시한다. 롬 8:9-11 참조). 간단히 말해, 성령께서는 효과적인 사역을 통해 그리스도를 바라보게 함으로써 우리를 변화시키신다.

내가 이 세 곳의 성경 본문을 언급한 이유는 지금까지 예수 그리스도에 관해 말한 다른 모든 사실을 도외시한 채로 단지 성령의 능력으로만 행하려고 노력하는 일을 방지하기 위해서다. 이 책의 9장은 새로운 방향을 제시하지 않는다. 성령께서는 앞서 여덟 장에 걸쳐 말한 모든 것을 매듭지으신다. 성령의 인도를 따른다는 것은 곧 그리스도 중심적인 삶을 사는 것을 의미한다. 그리스도와 성령, 곧 성육신하신 성자와 내주하시는 성령께서는 우리에게 주어진 이중 선물이다.

성령께만 지나치게 집중하지 말고, 그리스도께 초점을 맞추라. 그리스도의 아름다움을 보게 해달라고 성령께 간구하라. 성령께서는 우리의 성장을 촉진하는 효과적인 원인자이시지만, 우리가 바라봐야 할 대상은 그리스도이시다. 아내를 보면서 그녀의 아름다움을 생각하는 남편은 자신의 뇌에 집중하지 않는다. 그는 아내에게 집중해 그녀를 즐거워한다. 그의 뇌는 그런 즐거움을 효과적으로 일으킬 뿐이다. 만일 누군가가 그렇게 아내만 생각하는 것은 뇌를 무시하는 처사라고 말한다면, 그는 과연 어떻게 대답할까? 그는 "나의 뇌가 없다면 아내를 전혀 즐거워할 수 없을 것이요. 뇌를 주신 하나님께 참으로 감사하오. 그러나 나는 뇌를 바라보지 않고, 뇌를 가지고 아내를 바라본다오."라고 대답할 것이 틀림없다.

천국의 맛을 보여주는 사람

성령의 능력이 없으면 우리의 사역과 수고와 복음 전도와 죄를 죽이려는 노력이 모두 물거품이 될 것이라는 사실을 잊지 말라. 성령과 보조를 맞춰라. 성부께 성령을 충만하게 부어달라고 기도하라. 성령의 능력으로 그리스도를 바라보라. 성령께 마음의 문을 활짝 열고, 아름다운 성령의 길에 온전히 헌신하라.

그렇게 하면 많은 약점과 실수는 물론, 루이스가 말한 두 번째 종류의 사람들처럼 종종 육신으로 행하는 삶을 사는 잘못에도 불구하고 주위에 있는 모든 사람에게 천국을 보여주는 작은 거울이 될 수 있을 것이다. 처음에는 여기저기에서 산발적으로, 나중에는 차츰 좀 더 길고 일관성 있게 하나님의 능력을 의지해 사는 법을 배워나갈 수 있을 것이고, 가는 곳마다 거부할 수 없는 천국의 향기를 남기게 될 것이다. 한 마디로, 사람들에게 예수님의 맛을 보여주는 사람이 될 것이다. 그분의 영이 우리 안에 거하신다.

:: 결론 : 어떻게 해야 할까?

결론적으로 말해, 그리스도 안에서 성장하기 위한 가장 큰 비결은 그분을 바라보는 것이다. 그리스도께 시선을 고정하라. 매 순간 그분 안에 거하라. 그분의 사랑을 통해 힘을 얻으라. 그분은 개념이 아닌 인격체이시다. 세월이 지날수록 그분을 더 깊이 알아가라. 스코틀랜드 목회자 앤드류 보나르는 65세의 나이로 1875년에 쓴 편지에서 "그리스도께서 날로 더 보배로워지고 계십니다. 오, 그분의 사랑의 마음을 알았으면!"이라고 말했다.[86]

어쩌면 지금 이 책의 아홉 장이 기억해야 할 아홉 가지 기술이나 이용할 수 있는 아홉 가지 방법을 나열한 목록처럼 보일지도 모른다. 나는 이 짧은 책을 마무리하는 시점에서 그런 인상을 남기고 싶은 생각이 전혀 없다. 나는 아홉 가지가 아닌 한 가지를 말했다. 그것은 그리스도를 바라보라는 것이다. 그리스도를 바라보면 그분 안에서 성장할 수 있지만, 그분에게서 눈을 돌려 우리의 성장에만

---

86 In Marjory Bonar, ed., *Reminiscences of Andrew A. Bonar* (London: Hodder and Stoughton, 1897), 224.

관심을 집중하면 우리가 원하는 성장을 이룰 수 없다.

존 뉴턴은 1760년 9월 10일에 '메드허스트 양'에게 편지를 써 보냈다. 그녀는 그가 요크셔를 방문해 영적 조언을 제공했던 여성들 가운데 한 사람이었다. 그는 그리스도 안에서 더 깊게 성장하기 위해 도움을 구했던 그녀와 그녀의 친구들에게 이렇게 말했다.

> 내가 건넬 수 있는 가장 좋은 조언, 곧 나의 가장 큰 바람은 지금 막 나의 머릿속에 떠오른 사도의 말, 곧 "예수를 바라보라"라는 말의 의미를 부단히 경험해 보라는 것입니다. 신자의 의무, 특권, 안전, 형용하기 어려운 행복이 그 한마디에 모두 함축되어 있습니다…예수님을 바라보면, 영혼이 사랑과 감사로 녹아내릴 것입니다.[87]

이 책의 목적은 모든 것을 결정하는 단순한 한 가지 충동(예수님을 바라보는 것)을 일깨우는 것이다. 예수님을 바라보면 다른 모든 것이 뒤따르고, 제각각 제자리를 찾을 것이다. 그러나 예수님을 바라보지 않으면, 아무리 많은 전략과 방법을 사용해도 아무런 도움도 얻지 못하고, 모든 것이 헛수고가 되고 말 것이다. 주의를 흩뜨리는 것들을 하나씩 모두 제거하고, 그리스도를 바라보라. 마음을 단순하게 하고, 모든 염려를 떨쳐 버리라. 사랑이 가득 넘쳐흐르는 그리스도의 마음을 생각하라.

이 책의 아홉 장은 연속적인 성장의 단계를 나타내지 않는다. 그

---

87 *Letters of John Newton* (Edinburgh: Banner of Truth, 2007), 47-48.

것들은 성장이라는 하나의 다이아몬드를 구성하는 서로 다른 면들이다. 성장하려면, 예수님이 어떤 분이신지를 알고(1장), 그분의 품에 안기고(2장), 일평생 그분과 하나로 연합한 상태로 살아가고(3장), 그분의 사랑을 누리고(4장), 그분이 완성하신 사역을 근거로 무죄 선고를 받고(5장), 자유롭게 빛 가운데 행하고(6장), 이 세상의 고통을 우리를 징벌하기 위해서가 아니라 돕기 위해 하나님이 허락하신 것으로 받아들이고(7장), 성경 읽기와 기도라는 들숨과 날숨을 통해 그분의 사랑에 사랑으로 화답하고(8장), 내주하시는 성령을 통해 천국의 사랑을 실제로 경험해야 한다(9장). 이 책의 요점은 하나다. 즉 속죄 사역과 끊임없는 중보 기도를 통해 분명하게 입증된 예수 그리스도의 은혜로운 마음을 경이로워하라는 것이다. 죄인들과 고통받는 자들을 향한 그분의 놀라운 사랑을 받아들이라. 그것을 거부하지 말라. 그분이 가까이 오시게 하라. 그분을 바라보라.

그렇게 하면 변화가 일어날 것이다. 변화를 위한 변화를 추구하면, 행위만 달라지고 마음은 변하지 않는다. 단순히 행위만 달라지는 것은 진정한 변화가 못 된다. 우리 자신에게서 눈을 돌려 그리스도를 바라봐야 한다. 그분과 교통하라. 마음의 창문을 활짝 열고, 그분의 사랑과 성경의 가르침을 받아들이라. 교회를 통해 주어지는 설교와 성례를 통해 그분을 바라보라. 그분을 주시하라.

바로 이것이 내가 이 짧은 책에서 모든 것을 다루려고 애쓰지 않았던 이유다. 나는 영적 성장의 중요한 측면들, 즉 안식일, 소그룹, 금식, 교회를 비롯해 건강한 제자직의 필수 요소들을 전혀 언급하지 않았다. 나는 그 대신 "성장하려면 개인의 마음속에서 가장 깊고 근본적인 무엇이 일어나야 할까?"라는 하나의 질문을 제기했다. 성장할 수 있는 유일한 길은 예수님의 진심 어린 사랑을 받아들이는 것이다. 이것이 이 책의 요점이다. 은혜의 복음은 우리를 구원하는 데그치지 않고, 앞으로 나아가게 한다. 이 책을 보완해줄 다른 책들도 아울러 필요하다. 그러나 그런 책들은 말 그대로 이 책을 보완할 뿐이다. 이 책이 전하는 확신이 없으면, 그 어떤 책도 유익하지 않다.

죄인들의 친구이신 예수 그리스도와의 연합과 교제를 통해 복음의 경이로움 속으로 더욱 깊이 들어가라. 마음을 잘 살피라. 그러면 모든 삶이 활짝 피어날 것이다.

예수님에 관해 많이 배우라. 자신을 한 번 볼 때마다 그리스도를 열 번 바라보라. 그분은 너무나도 사랑스러우시다. 그분은 절대적인 권위를 지니고 있지만, 죄인들은 물론, 죄인의 괴수까지도 온유하고, 은혜롭게 대해 주신다. 하나님의 미소 가운데서 살며, 그분의 빛을 마음껏 누리라. 하나님이 만물을 꿰뚫어 보는 눈으로 사랑스레 나를 지켜보고 계신다는 것을 기억하고, 그분의 전능한 팔에 평화롭게 안기라.

마음을 황홀하게 하는 그리스도의 탁월하심과 은혜로우심을 비롯해 그분 안에 있는 모든 것으로 영혼을 가득 채우라. 그러면 어리석음이나 세상이나 사탄이나 육신이 들어설 자리가 없을 것이다.[88]

---

88 Robert Murray McCheyne, in an 1840 letter, in Andrew A. Bonar, *Memoirs and Remains of the Rev. Robert Murray McCheyne* (Edinburgh: Oliphant, Anderson, and Ferrier, 1892), 293.